Tervislikud maitsed

Anti-põletikuline kokaraamat

Anneli Tamm

Sisukord

Lihapallitaco kausside koostisosad: 16

Juhised: 17

Avokaado Pesto Zoodles lõheportsjonitega: 4 19

Koostis: 19

Juhised: 19

Kurkumiga maitsestatud maguskartul, õun ja sibul kanaga 21

Koostis: 21

Praetud ürdiga lõhepihvi portsjonid: 4 23

Koostis: 23

Juhised: 23

Tofu ja Itaalia maitsestatud suviste köögiviljade portsjonid: 4 25

Koostis: 25

Juhised: 25

Maasika- ja kitsejuustu salati koostisosad: 27

Juhised: 27

Kurkumi lillkapsa ja tursahautise portsjonid: 4 29

Koostis: 29

Juhised: 29

Kreeka pähklite ja spargli hõrgutised: 4 31

Koostis: 31

Juhised: 31

Alfredo suvikõrvitsa pasta koostisained: 32

Juhised: 32

Quinoa kalkuni kana koostisosad: 34

Juhised: 35

Küüslaugu ja squashi nuudlite portsjonid: 4 37

Koostis: 37

Juhised: 38

Aurutatud forell punase oa ja tšilli salsaga: 1 39

Koostis: 39

Juhised: 40

Bataadi ja kalkuni supi portsjonid: 4 41

Koostis: 41

Juhised: 41

Miso praetud lõhe portsjonid: 2 43

Koostis: 43

Juhised: 43

Lihtsalt praetud helbefilee portsjonid: 6 45

Koostis: 45

Juhised: 45

Sealiha Carnitase portsjonid: 10 46

Koostis: 46

Juhised: 47

Valge kalakoor köögiviljadega 48

Portsjonid: 6 kuni 8 48

Koostis: 48

Juhised: 48

Sidrunikarpide portsjonid: 4 50

Koostis: 50

Juhised: 50

Laimi ja tšilli lõhe portsjonid: 2 51

Koostis: 51

Juhised: 51

Juustu tuunikalapasta portsjonid: 3-4 52

Koostis: 52

Juhised: 52

Kookoskoorega kalaribade portsjonid: 4 54

Koostis: 54

Juhised: 55

Mehhiko kala portsjonid: 2 56

Koostis: 56

Juhised: 56

Forell kurgisalsaga Portsjonid: 4 58

Koostis: 58

Sidruni Zoodles krevettidega portsjonid: 4 60

Koostis: 60

Juhised: 60

Krõbedad krevettide portsjonid: 4 62

Koostis: 62

Juhised: 62

Praetud meriahvena portsjonid: 2 63

Koostis: 63

Juhised: 63

Lõhekookide portsjonid: 4 64

Koostis: 64

Juhised: 64

Vürtsika tursa portsjonid: 4 65

Koostis: 65

Juhised: 65

Suitsutatud forellivõie portsjonid: 2 66

Koostis: 66

Juhised: 66

Tuunikala ja šalottsibula portsjonid: 4 68

Koostis: 68

Juhised: 68

Sidrunipipra krevettide portsjonid: 2 69

Koostis: 69

Juhised: 69

Kuuma tuunikala steiki portsjonid: 6 70

Koostis: 70

Juhised: 70

Cajuni lõhe portsjonid: 2 72

Koostis: 72

Juhised: 72

Kvinoa lõhekauss köögiviljadega 73

Portsjonid: 4 73

Koostis: 73

Purustatud kala portsjonid: 4 75

Koostis: 75

Juhised: 75

Lihtsate lõhepihvide portsjonid: 4 76

Koostis: 76

Juhised: 77

Popkorni krevettide portsjonid: 4 78

Koostis: 78

Juhised: 79

Vürtsika küpsetatud kala portsjonid: 5 80

Koostis: 80

Juhised: 80

Paprika tuunikala portsjonid: 4 81

Koostis: 81

Juhised: 81

Kalakotletid Portsjonid: 2 82

Koostis: 82

Juhised: 82

Praetud kammkarbid meega portsjonitena: 4 83

Koostis: 83

Juhised: 83

Tursafileed shiitake seentega Portsjonid: 4 85

Koostis: 85

Juhised: 85

Praetud valgemereahvena portsjonid: 2 87

Koostis: 87

Juhised: 87

Küpsetatud tomatihake portsjonid: 4-5 88

Koostis: 88

Juhised: 88

Praetud kilttursk peediga Portsjonid: 4 90

Koostis: 90

Südamlikud tuunikala sulatised: 4 92

Koostis: 92

Juhised: 92

Sidrunilõhe ja kaffir-laimi portsjonid: 8 94

Koostis: 94

Juhised: 94

Õrn lõhe sinepikastmes portsjonid: 2 96

Koostis: 96

Juhised: 96

Krabi salati portsjonid: 4 98

Koostis: 98

Juhised: 98

Küpsetatud lõhe Miso kastmega portsjonid: 4 99

Koostis: 99

Juhised: 99

Ürdiga kaetud küpsetatud tursk meega Portsjonid: 2 101

Koostis: 101

Juhised: 101

Parmesani tursa segu portsjonid: 4 103

Koostis: 103

Juhised: 103

Krõbedad küüslaugukrevettide portsjonid: 4 104

Koostis: 104

Juhised: 104

Kreemjas meriahvena segu portsjonid: 4 105

Koostis: 105

Juhised: 105

Kurgi Ahi Poke portsjonid: 4 106

Koostis: 106

Minty Cod Mix portsjonid: 4 108

Koostis: 108

Juhised: 108

Sidruni- ja kreemjas tilapia portsjonid: 4 110

Koostis: 110

Juhised: 110

Kalatacote portsjonid: 4 112

Koostis: 112

Juhised: 113

Ingveri meriahvena segu portsjonid: 4 114

Koostis: 114

Juhised: 114

Kookose krevettide portsjonid: 4 115

Koostis: 115

Sealiha muskaatkõrvitsaga portsjonid: 4 117

Koostis: 117

Juhised: 117

Sidrunivõi krevettide riisi portsjonid: 3 119

Koostis: 119

Juhised: 119

Kreveti-laimi küpsetis suvikõrvitsa ja maisiga, portsjonid: 4 121

Koostis: 121

Juhised: 122

Lillkapsasupi portsjonid: 10 123

Koostis: 123

Juhised: 123

Maguskartuli musta oa burgerite portsjonid: 6 125

Koostis: 125

Juhised: 126

Kookose-seenesupi portsjonid: 3 128

Koostis: 128

Juhised: 128

Talvise puuviljasalati portsjonid: 6 130

Koostis: 130

Juhised: 130

Mees röstitud kanakintsud porgandiga Portsjonid: 4 132

Koostis: 132

Juhised: 132

Türgi tšilli portsjonid: 8 134

Koostis: 134

Juhised: 135

Vürtsidega läätsesupp Portsjonid: 5 136

Koostis: 136

Juhised: 136

Küüslaugukana ja köögiviljade portsjonid: 4 138

Koostis: 138

Juhised: 138

Suitsulõhe salati portsjonid: 4 140

Koostis: 140

Juhised: 141

Bean Shawarma salati portsjonid: 2 142

Koostis: 142

Juhised: 143

Ananassiga praetud riisi portsjonid: 4 143

Koostis: 144

Juhised: 145

Läätsesupi portsjonid: 2 146

Koostis: 146

Juhised: 147

Maitsvad tuunikalasalati portsjonid: 2 148

Koostis: 148

Juhised: 148

Aioli munaga Portsjonid: 12 150

Koostis: 150

Juhised: 150

Spagettide pasta ürdiga seenekastmega: 151

Juhised: 151

Pruuni riisi ja Shitake miso supp talisibulatega 154

Koostis: 154

Grillitud ookeaniforell küüslaugu ja peterselli kastmega 156

Koostis: 156

Juhised: 156

Karri lillkapsa ja kikerherne ümbriste koostis: 158

Juhised: 159

Tatra-nuudlisupi portsjonid: 4 160

Koostis: 160

Juhised: 161

Lihtsad lõhesalati portsjonid: 1 162

Koostis: 162

Juhised: 162

Köögiviljasuppi portsjonid: 4 163

Koostis: 163

Juhised: 164

Sidruni küüslaugu krevettide portsjonid: 4 165

Koostis: 165

Juhised: 165

Blt kevadrullide koostisosad: 166

Rinnatükk sinihallitusjuustuga, portsjonid: 6 167

Koostis: 167

Juhised: 167

Cold Soba Miso kastme koostisainetega: 169

Juhised: 170

Küpsetatud pühvli lillkapsa tükid Portsjonid: 2 171

Koostis: 171

Juhised: 171

Küüslaugukana küpsetus basiiliku ja tomatitega Portsjonid: 4 173

Koostis: 173

Juhised: 174

Kreemjas kurkumi-lillkapsasupi portsjonid: 4 175

Koostis: 175

Juhised: 176

Seene, lehtkapsas ja maguskartulipruun riis 177

Koostis: 177

Küpsetatud tilapia retsept pekanipähkli rosmariiniga 179

Koostis: 179

Musta oa tortilla wrapi portsjonid: 2 181

Koostis: 181

Juhised: 181

Valge oa kana talviste roheliste köögiviljadega 182

Koostis: 182

Juhised: 183

Maitsetaimedega küpsetatud lõhe portsjonid: 2 184

Koostis: 184

Juhised: 184

Kreeka jogurti-kanasalat 186

Koostis: 186

Juhised: 186

Purustatud kikerhernesalat 187

Koostis: 187

Juhised: 188

Valencia salatiportsjonid: 10 189

Koostis: 189

Juhised: 190

"Söö oma rohelisi" supiportsjonid: 4 191

Koostis: 191

Juhised: 192

Miso lõhe ja roheliste ubade portsjonid: 4 193

Koostis: 193

Juhised: 193

Porru-, kana- ja spinatisuppi portsjonid: 4 194

Koostis: 194

Juhised: 194

Tume šokolaadi pommide portsjonid: 24 196

Koostis: 196

Juhised: 196

Itaalia täidisega paprika portsjonid: 6 197

Koostis: 197

Juhised: 198

Salati sisse pakitud suitsuforell portsjonid: 4 199

Koostis: 199

Juhised: 200

Devilled-munasalati koostisosad: 201

Juhised: 201

Seesami-tamari küpsetatud kana roheliste ubadega 203

Koostis: 203

Juhised: 203

Ingveri kanahautise portsjonid: 6 205

Koostis: 205

Juhised: 206

Kreemja Garbano salati koostisosad: 207

Juhised: 208

Porgandnuudlid ingveri-laimi maapähklikastmega 210

Koostis: 210

Juhised: 211

Röstitud köögiviljad maguskartuli ja valgete ubadega 212

Koostis: 212

Juhised: 213

Kapsasalati portsjonid: 1 214

Koostis: 214

Juhised: 214

Kookose- ja sarapuupähklite jahutatud klaasist portsjonid: 1 216

Koostis: 216

Juhised: 216

Lahedad garbanzo ja spinati ubade portsjonid: 4 217

Koostis: 217

Juhised: 217

Taro lehed kookoskastmes portsjonid: 5 219

Koostis: 219

Juhised: 219

Röstitud tofu ja roheliste portsjonid: 4 220

Koostis: 220

Juhised: 220

Lihapallitaco kausside koostisosad:

Lihapallid:

1 nael lahja veisehakkliha (mis tahes jahvatatud liha, näiteks sealiha, kalkun või kana)

1 muna

1/4 tassi peeneks hakitud lehtkapsast või krõbedaid ürte nagu petersell või koriander (valikuline)

1 tl Sool

1/2 tl musta pipart

Taco kausid

2 tassi Enchilada kastet (kasutame eritellimusel valmistatud) 16 lihapalli (varem salvestatud kinnitused)

2 tassi keedetud riisi, valget või tumedat värvi

1 avokaado, tükeldatud

1 tass kohapeal omandatud Salsat või Pico de Gallot 1 tass riivitud juustu

1 Jalapeno, peeneks lõigatud (valikuline)

1 spl koriandrit, tükeldatud

1 laim, lõigatud viiludeks

Tortillakrõpsud, serveerimiseks

Juhised:

1. Valmistamine/külmutamine

2. Segage suures kausis jahvatatud liha, munad, lehtkapsas (kui kasutate), sool ja pipar. Segage oma kätega, kuni see on ühtlaselt konsolideeritud.

Struktureerige 16 lihapalliks, mille läbimõõt on umbes 1 tolli ja asetage fooliumiga kinnitatud taldrikule.

3. Kui kasutate seda mitu päeva, hoidke külmkapis kuni 2 päeva.

4. Külmutamise korral asetage lehtkonteiner jahedasse, kuni lihapallid on tugevad. Liigutage jahedamasse kotti. Lihapallid säilivad jahedas 3–4 kuud.

5. Süüa

6. Tõsta keskmises potis enchilada kaste madalale hautisele. Kaasake lihapallid (kui lihapallid olid, pole kaalukat põhjust esmalt sulatada tahkunud). Hauta lihapalle, kuni need on küpsed, 12 minutit, eeldusel et need on krõbedad, ja 20 minutit, kui need on tahkunud.

7. Lihapallide hautamise ajal valmistage ette erinevad kinnitused.

8. Koguge tacokausid, kaunistades riisi lihapallide ja kastmega, tükeldatud avokaado, salsa, cheddari, jalapeño jaotustükkide ja koriandriga. Paki laimiviilude ja tortillakrõpsudega.

Avokaado Pesto Zoodles lõheportsjonitega: 4

Küpsetusaeg: 25 minutit

Koostis:

1 spl pestot

1 sidrun

2 külmutatud/värsket lõhepihvi

1 suur suvikõrvits, spiraalselt vormitud

1 spl musta pipart

1 avokaado

1/4 tassi parmesani, riivitud

Itaalia maitseaine

Juhised:

1. Kuumuta ahi temperatuurini 375 F. Maitsesta lõhe Itaalia maitseainete, soola ja pipraga ning küpseta 20 minutit.

2. Lisa kaussi avokaadod koos supilusikatäie pipra, sidrunimahla ja supilusikatäie pestoga. Püreesta avokaadod ja jäta kõrvale.

3. Lisa serveerimisvaagnale suvikõrvitsa nuudlid, seejärel avokaadosegu ja lõhe.

4. Puista peale juust. Vajadusel lisa veel pestot. Nautige!

Toitumisalane teave:128 kalorit 9,9 g rasva 9 g süsivesikuid kokku 4 g valku

Kurkumiga maitsestatud maguskartul, õun ja sibul kanaga

Portsjonid: 4

Küpsetusaeg: 45 minutit

Koostis:

2 spl soolata võid, toatemperatuuril 2 keskmist maguskartulit

1 suur Granny Smithi õun

1 keskmine sibul, õhukeselt viilutatud

4 kondiga, nahaga kanarinda

1 tl soola

1 tl kurkumit

1 tl kuivatatud salvei

¼ tl värskelt jahvatatud musta pipart

1 tass õunasiidrit, valget veini või kanapuljongitJuhised:

1. Kuumuta ahi temperatuurini 400 °F. Määri küpsetusplaat võiga.

2. Asetage bataat, õun ja sibul küpsetusplaadile ühe kihina.

3. Pange kana, nahaga pool ülespoole, ja maitsestage soola, kurkumi, salvei ja pipraga. Lisa siider.

4. Rösti 35–40 minuti jooksul. Eemaldage, laske 5 minutit puhata ja serveerige.

Toitumisalane teave:Kalorid 386 Rasvad kokku: 12 g Süsivesikud kokku: 26 g Suhkur: 10 g Kiudained: 4 g Valk: 44 g Naatrium: 932 mg

Praetud ürdiga lõhepihvi portsjonid: 4

Küpsetusaeg: 5 minutit

Koostis:

1 nael loputatud lõhepraad 1/8 tl Cayenne'i pipart 1 tl tšillipulbrit

½ tl köömneid

2 küüslauguküünt, hakitud

1 spl oliiviõli

¾ tl soola

1 tl värskelt jahvatatud musta pipart

Juhised:

1. Kuumuta ahi 350 kraadini F.

2. Sega kausis cayenne'i pipar, tšillipulber, köömned, sool ja must pipar. Kõrvale panema.

3. Nirista lõhepihvile oliiviõli. Hõõru mõlemalt poolt. Hõõru küüslauk ja valmis maitseainesegu. Laske 10 minutit seista.

4. Pärast maitsete sulamist valmistage ahjukindel pann.

Kuumuta oliiviõli. Kui lõhe on kuum, maitsesta 4 minutit mõlemalt poolt.

5. Tõsta pann ahju. Küpseta 10 minutit. Serveeri.

Toitumisalane teave:Kalorid 210 Süsivesikuid: 0 g Rasvad: 14 g Valgud: 19 g

Tofu ja Itaalia maitsestatud suviste köögiviljade portsjonid: 4

Küpsetusaeg: 20 minutit

Koostis:

2 suurt suvikõrvitsat, lõigatud ¼-tollisteks viiludeks

2 suurt suvikõrvitsat, lõigatud ¼-tollisteks paksusteks viiludeks 1-naeline kõva tofu, lõigatud 1-tollisteks kuubikuteks

1 tass köögiviljapuljongit või vett

3 supilusikatäit ekstra neitsioliiviõli

2 küüslauguküünt, viilutatud

1 tl soola

1 tl Itaalia ürtide maitseainesegu

¼ tl värskelt jahvatatud musta pipart

1 spl õhukeseks viilutatud värsket basiilikut

Juhised:

1. Kuumuta ahi temperatuurini 400 °F.

2. Kombineeri suvikõrvits, squash, tofu, puljong, õli, küüslauk, sool, Itaalia ürtide maitseainesegu ja pipar suurel servaga küpsetusplaadil ning sega korralikult läbi.

3. Rösti 20 minuti jooksul.

4. Puista peale basiilik ja serveeri.

Toitumisalane teave:Kalorid 213 Rasvad kokku: 16 g Süsivesikud kokku: 9 g Suhkur: 4 g Kiudained: 3 g Valk: 13 g Naatrium: 806 mg

Maasika- ja kitsejuustu salati koostisosad:

1 kilo krõbedaid maasikaid, kuubikuteks lõigatud

Valikuliselt: 1–2 teelusikatäit nektarit või vahtrasiirupit, maitse järgi 2 untsi lagunenud kitse cheddarit (umbes ½ tassi) ¼ tassi tükeldatud krõbedat basiilikut, lisaks paar väikest basiilikulehte kaunistamiseks

1 spl ekstra neitsioliiviõli

1 spl paksu palsamiäädikat*

½ tl Maldoni helbelist ookeanisoola või ebapiisav ¼ teelusikatäis peent ookeanisoola

Krõbedaks jahvatatud tume pipar

Juhised:

1. Laota kuubikuteks lõigatud maasikad keskmisele serveerimisvaagnale või madalale serveerimisnõule. Juhul, kui maasikad ei ole piisavalt magusad täpselt nii, nagu eelistaksite, puista neid nektari või vahtrasiirupiga.

2. Piserdage lagunenud kitse cheddariga maasikad, mille järel on hakitud basiilik. Kalla peale oliiviõli ja palsamiäädikat.

3. Lihvige taldrikule segatud rohelisi soola, paari tüki krõbedaks jahvatatud tumedat pipart ja päästetud basiilikulehti. Suurepärase sissejuhatuse saamiseks serveerige taldrikule segatud rohelisi kiiresti.

Jäägid säilivad külmikus hästi aga umbes 3 päeva.

Kurkumi lillkapsa ja tursahautise portsjonid: 4

Küpsetusaeg: 30 minutit

Koostis:

½ naela lillkapsa õisikud

1-kilone tursafileed, kondita, nahata ja kuubikuteks 1 spl oliiviõli

1 kollane sibul, hakitud

½ tl köömneid

1 roheline tšilli, hakitud

¼ teelusikatäit kurkumipulbrit

2 tomatit tükeldatud

Näputäis soola ja musta pipart

½ tassi kanapuljongit

1 supilusikatäis koriandrit, hakitud

Juhised:

1. Kuumuta pott õliga keskmisel kuumusel, lisa sibul, tšilli, köömned ja kurkum, sega ja küpseta 5 minutit.

2. Lisage lillkapsas, kala ja muud koostisosad, segage, laske keema tõusta ja keetke keskmisel kuumusel veel 25 minutit.

3. Jaga hautis kaussidesse ja serveeri.

Toitumisalane teave:kaloreid 281, rasvu 6, kiudaineid 4, süsivesikuid 8, valku 12

Kreeka pähklite ja spargli hõrgutised: 4

Küpsetusaeg: 5 minutit

Koostis:

1 ja ½ supilusikatäit oliiviõli

¾ naela sparglit, kärbitud

¼ tassi kreeka pähkleid, hakitud

Päevalilleseemned ja pipar maitse järgi

Juhised:

1. Asetage pann keskmisele kuumusele, lisage oliiviõli ja laske kuumeneda.

2. Lisa spargel, prae 5 minutit, kuni see on pruunistunud.

3. Maitsesta päevalilleseemnete ja pipraga.

4. Eemaldage kuumus.

5. Lisa kreeka pähklid ja viska.

Toitumisalane teave:Kalorid: 124 Rasvad: 12 g Süsivesikud: 2 g Valk: 3 g

Alfredo suvikõrvitsa pasta koostisained:

2 keskmist suvikõrvitsat spiraalselt

1-2 TB Vegan Parmesan (valikuline)

Kiire Alfredo kaste

1/2 tassi toores india pähkleid paariks tunniks leotatud või 10 minutiks mullitavas vees

2 TB sidrunimahla

3 TB toitev pärm

2 tl valget misot (võib lisada tamari, sojakastet või kookospähkli aminohappeid)

1 tl sibulapulbrit

1/2 tl küüslaugupulbrit

1/4-1/2 tassi vett

Juhised:

1. Spiraliseeri suvikõrvitsanuudlid.

2. Lisa kõik alfredo kinnitused kiirblenderisse (alustades 1/4 tassi veega) ja sega ühtlaseks massiks. Kui teie kaste on liiga paks, lisage supilusikatäis korraga rohkem vett, kuni saavutate soovitud konsistentsi.

3. Lisa suvikõrvitsa nuudlid alfredokastmega ja soovi korral ka taimetoidukäru.

Quinoa kalkuni kana koostisosad:

1 tass kinoat, loputatud

3-1/2 tassi vett, isoleeritud

1/2-naelane lahja jahvatatud kalkun

1 tohutult magus sibul, tükeldatud

1 keskmine magus punane paprika, tükeldatud

4 küüslauguküünt, hakitud

1 spl oahautisepulbrit

1 spl jahvatatud köömneid

1/2 tl jahvatatud kaneeli

2 purki (igaüks 15 untsi) tumedaid ube, loputatud ja tühjendatud 1 purk (28 untsi) purustatud tomateid

1 keskmine suvikõrvits, tükeldatud

1 chipotle pipar adobo kastmes, tükeldatud

1 spl adobo kastet

1 kitseneb leht

1 tl kuivatatud pune

1/2 teelusikatäit soola

1/4 tl pipart

1 tass tahkestunud maisi, sulatatud

1/4 tassi hakitud karget koriandrit

Valikulised garneeringud: kuubikuteks lõigatud avokaado, hävitatud Monterey Jacki cheddar

Juhised:

1. Kuumuta tohutul pannil kinoa ja 2 tassi vett keemiseni. Vähendada soojust; määri ja hauta 12-15 minutit või seni, kuni vesi jääb kinni. Väljuta soojusest; kergendage kahvliga ja asetage ohutusse kohta.

2. Seejärel küpseta kalkun, sibul, punane pipar ja küüslauk keskmisel kuumusel tohutul pannil, mis on kaetud küpsetusdušiga, kuni liha ei ole enam roosa ja köögiviljad on õrnad; kanal. Sega sisse oahautise pulber, köömned ja kaneel; küpseta 2 minutit kauem.

Kui soovite, lisage valikulisi kaunistusi.

3. Lisage tumedad oad, tomatid, suvikõrvits, chipotle pipar, adobo kaste, leht, pune, sool, pipar ja ülejäänud vesi.

Kuumuta keemistemperatuurini. Vähendage kuumust; määri ja hauta 30 minutit. Sega hulka mais ja kinoa; kuumuta läbi. Kõrvaldage ahenevad lehed; sega hulka koriander. Esitage soovi korral valikuliste kinnitustega.

4. Külmutamise alternatiiv: külmutage jahutatud hautis jahedamates kambrites.

Kasutamiseks sulatage keskmise aja jooksul külmikus mittetäielikult. Soojus läbi potis, aeg-ajalt segades; lisada mahla või vett, kui see on oluline.

Küüslaugu ja squashi nuudlite portsjonid: 4

Küpsetusaeg: 15 minutit

Koostis:

Kastme valmistamiseks

¼ tassi kookospiima

6 Suured kuupäevad

2/3 g riivitud kookospähklit

6 küüslauguküünt

2 spl ingveripastat

2 spl punast karripastat

Nuudlite valmistamiseks

1 suur keedukõrvitsa nuudlid

½ Julienne tükeldatud porgandid

½ Julienne tükeldatud suvikõrvits

1 väike punane paprika

¼ tassi india pähkleid

Juhised:

1. Kastme valmistamiseks blenderda kõik ained ja valmista paks püree.

2. Tükelda spagetikõrvits pikuti ja valmista nuudlid.

3. Pintselda ahjuplaat kergelt oliiviõliga ja küpseta suvikõrvitsnuudleid 40C juures 5-6 minutit.

4. Serveerimiseks lisa kaussi nuudlid ja püree. Või serveeri nuudlite kõrvale püreed.

Toitumisalane teave:Kalorid 405 Süsivesikud: 107 g Rasvad: 28 g Valgud: 7 g

Aurutatud forell punase oa ja tšilli salsaga: 1

Küpsetusaeg: 16 minutit

Koostis:

4 ½ untsi poolitatud kirsstomateid

1/4 avokaadot, koorimata

6 untsi nahata ookeaniforellifilee

Serveerimiseks koriandri lehti

2 tl oliiviõli

Serveerimiseks laimiviilud

4 ½ untsi konserveeritud punaseid ube, loputatud ja nõrutatud 1/2 punast sibulat, õhukeselt viilutatud

1 spl marineeritud jalapenod, nõrutatud

1/2 tl jahvatatud köömneid

4 Sitsiilia oliivi/rohelist oliivi

Juhised:

1. Asetage auruti korv keeva veega poti kohale. Lisa kala korvi ja kata, küpseta 10-12 minutit.

2. Eemaldage kala, seejärel laske sellel mõni minut puhata. Vahepeal kuumuta pannil veidi õli.

3. Lisa marineeritud jalapenod, punased oad, oliivid, 1/2 tl köömneid ja kirsstomatid. Küpseta umbes 4-5 minutit, pidevalt segades.

4. Tõsta oataigen serveerimisvaagnale, seejärel forell.

Lisa peale koriander ja sibul.

5. Serveeri koos laimiviilude ja avokaadoga. Naudi aurutatud ookeaniforelli punase oa ja tšilli salsaga!

Toitumisalane teave:243 kalorit 33,2 g rasva 18,8 g süsivesikuid kokku 44 g valku

Bataadi ja kalkuni supi portsjonid: 4

Küpsetusaeg: 45 minutit

Koostis:

2 spl oliiviõli

1 kollane sibul, hakitud

1 roheline paprika, tükeldatud

2 maguskartulit, kooritud ja kuubikuteks lõigatud

1 kilo kalkunirind, nahata, kondita ja kuubikuteks 1 tl koriandrit, jahvatatud

Näputäis soola ja musta pipart

1 tl magusat paprikat

6 tassi kanapuljongit

1 laimi mahl

Peotäis peterselli, hakitud

Juhised:

1. Kuumuta pott õliga keskmisel kuumusel, lisa sibul, paprika ja bataat, sega ja kuumuta 5 minutit.

2. Lisa liha ja pruunista veel 5 minutit.

3. Lisage ülejäänud koostisosad, segage, laske keema tõusta ja keetke keskmisel kuumusel veel 35 minutit.

4. Vala supp kaussidesse ja serveeri.

Toitumisalane teave:kaloreid 203, rasvu 5, kiudaineid 4, süsivesikuid 7, valku 8

Miso praetud lõhe portsjonid: 2

Küpsetusaeg: 20 minutit

Koostis:

2 spl. Vahtra siirup

2 sidrunit

¼ tassi Miso

¼ tl. Pipar, jahvatatud

2 laimi

2 ½ naela lõhe, naha peal

Natuke Cayenne'i pipart

2 spl. Ekstra neitsioliiviõli

¼ tassi Miso

Juhised:

1. Kõigepealt segage väikeses kausis laimimahl ja sidrunimahl, kuni need on hästi segunenud.

2. Seejärel lisage lusikaga miso, Cayenne'i pipar, vahtrasiirup, oliiviõli ja pipar. Kombineeri hästi.

3. Seejärel aseta lõhe küpsetuspaberiga kaetud ahjuplaadile nahaga allapoole.

4. Pintselda lõhet ohtralt miso sidruni seguga.

5. Nüüd aseta poolitatud sidruni- ja laimitükid külgedele lõikepool ülespoole.

6. Lõpuks küpseta neid 8–12 minutit või kuni kala helbed.

Toitumisalane teave:Kalorid: 230 Kcal Valgud: 28,3 g Süsivesikud: 6,7 g Rasvad: 8,7 g

Lihtsalt praetud helbefilee portsjonid: 6

Küpsetusaeg: 8 minutit

Koostis:

6-fileed tilapia

2-spl oliiviõli

1 tk sidrun, mahl

Sool ja pipar maitse järgi

¼ tassi peterselli või koriandrit, hakitud

Juhised:

1. Pruunista tilapiafileed oliiviõliga keskmisel kuumusel asetatud keskmise suurusega pannil. Küpseta 4 minutit mõlemalt poolt, kuni kala kahvliga kergelt helbeks läheb.

2. Lisa maitse järgi soola ja pipart. Vala igale fileele sidrunimahl.

3. Serveerimiseks puista keedetud filee hakitud peterselli või koriandriga.

Toitumisalane teave: Kalorid: 249 Cal Rasv: 8,3 g Valk: 18,6 g Süsivesikud: 25,9

Kiudained: 1 g

Sealiha Carnitase portsjonid: 10

Küpsetusaeg: 8 tundi. 10 minutit

Koostis:

5 naela. Sea õlg

2 küüslauguküünt, hakitud

1 tl musta pipart

1/4 tl kaneeli

1 tl kuivatatud pune

1 tl jahvatatud köömneid

1 loorberileht

2 untsi kanapuljongit

1 tl laimimahla

1 spl tšillipulbrit

1 spl soola

Juhised:

1. Lisa sealiha koos ülejäänud koostisosadega Slow Cookerisse.

2. Pange kaas peale ja küpseta 8 tundi. madalal kuumusel.

3. Kui olete valmis, tükeldage keedetud sealiha kahvli abil.

4. Laota see hakitud sealiha küpsetusplaadile.

5. Hauta 10 minutit ja serveeri.

Toitumisalane teave:Kalorid 547 rasvad 39 g, süsivesikud 2,6 g, kiudained 0 g, valk 43 g

Valge kalakoor köögiviljadega

Portsjonid: 6 kuni 8

Küpsetusaeg: 32-35 minutit

Koostis:

3 maguskartulit, kooritud ja ½-tollisteks tükkideks lõigatud 4 porgandit, kooritud ja lõigatud ½-tollisteks tükkideks 3 tassi täisrasvast kookospiima

2 tassi vett

1 tl kuivatatud tüümiani

½ tl meresoola

10½ untsi (298 g) valget kala, nahata ja kõva, nagu tursk või hiidlest, tükkideks lõigatud

Juhised:

1. Lisage bataat, porgand, kookospiim, vesi, tüümian ja meresool suurel kuumusel suurde kastrulisse ning laske keema tõusta.

2. Alandage kuumust, katke kaanega ja hautage aeg-ajalt segades 20 minutit, kuni köögiviljad on pehmed.

3. Vala pool supist blenderisse ja püreesta, kuni see on põhjalikult segunenud ja ühtlane, seejärel tõsta potti tagasi.

4. Segage kalatükid ja jätkake küpsetamist veel 12

kuni 15 minutit või kuni kala on läbi küpsenud.

5. Tõsta tulelt ja serveeri kaussides.

Toitumisalane teave:kaloreid: 450 ; rasv: 28,7g ; valk: 14,2g ; süsivesikud: 38,8 g ; kiudaineid: 8,1g ; suhkur: 6,7g; naatrium: 250 mg

Sidrunikarpide portsjonid: 4

Koostis:

1 spl. extra virgin extra virgin oliiviõli 2 hakitud küüslauguküünt

2 naela. kooritud rannakarbid

Ühe sidruni mahl

Juhised:

1. Valage potti veidi vett, lisage rannakarbid, keetke keskmisel kuumusel, keetke 5 minutit, visake avamata rannakarbid ära ja tõstke need kaussi.

2. Teises kausis segage õli küüslaugu ja värskelt pressitud sidrunimahlaga, vahustage korralikult läbi ja lisage rannakarpidele, segage ja serveerige.

3. Nautige!

Toitumisalane teave:Kalorid: 140, rasvad: 4 g, süsivesikud: 8 g, valgud: 8 g, suhkrud: 4 g, naatrium: 600 mg,

Laimi ja tšilli lõhe portsjonid: 2

Küpsetusaeg: 8 minutit

Koostis:

1 nael lõhe

1 spl laimimahla

½ tl pipart

½ tl tšillipulbrit

4 laimi viilu

Juhised:

1. Nirista lõhe laimimahlaga.

2. Puista mõlemalt poolt pipra ja tšillipulbriga.

3. Lisa õhufritüüri lõhe.

4. Aseta lõhe peale laimiviilud.

5. Prae õhu käes temperatuuril 375 kraadi F 8 minutit.

Juustu tuunikalapasta portsjonid: 3-4

Koostis:

2 c. rukola

¼ c. hakitud roheline sibul

1 spl. punane äädikas

5 untsi nõrutatud tuunikalakonserv

¼ tl. must pipar

2 untsi keedetud täisterapasta

1 spl. oliiviõli

1 spl. riivitud madala rasvasisaldusega parmesan

Juhised:

1. Keeda pasta soolata vees valmis. Nõruta ja tõsta kõrvale.

2. Suures kausis segage hoolikalt tuunikala, roheline sibul, äädikas, õli, rukola, pasta ja must pipar.

3. Viska korralikult läbi ja tõsta peale juust.

4. Serveeri ja naudi.

Toitumisalane teave: Kalorid: 566,3, rasvad: 42,4 g, süsivesikud: 18,6 g, valgud: 29,8 g, suhkrud: 0,4 g, naatrium: 688,6 mg

Kookoskoorega kalaribade portsjonid: 4

Küpsetusaeg: 12 minutit

Koostis:

Marinaad

1 spl sojakastet

1 tl jahvatatud ingverit

½ tassi kookospiima

2 spl vahtrasiirupit

½ tassi ananassimahla

2 tl kuuma kastet

Kala

1 nael kalafilee, viilutatud ribadeks

Pipar maitse järgi

1 tass riivsaia

1 tass kookoshelbed (magustamata)

Toiduvalmistamise pihusti

Juhised:

1. Sega kausis marinaadi ained.

2. Sega kalaribad.

3. Kata kaanega ja pane 2 tunniks külmkappi.

4. Eelsoojendage fritüür temperatuurini 375 kraadi F.

5. Sega kausis pipar, riivsai ja kookoshelbed.

6. Kasta kalaribad riivsaia segusse.

7. Pihustage oma õhufritüüri korvi õliga.

8. Lisa õhufritüüri korvi kalaribad.

9. Prae õhu käes 6 minutit mõlemalt poolt.

Mehhiko kala portsjonid: 2

Küpsetusaeg: 10 minutit

Koostis:

4 kalafileed

2 tl Mehhiko pune

4 tl köömneid

4 tl tšillipulbrit

Pipar maitse järgi

Toiduvalmistamise pihusti

Juhised:

1. Eelsoojendage fritüür temperatuurini 400 kraadi F.

2. Piserda kala õliga.

3. Maitsesta kala mõlemad pooled vürtside ja pipraga.

4. Asetage kala õhkfritüüri korvi.

5. Küpseta 5 minutit.

6. Pöörake ja küpseta veel 5 minutit.

Forell kurgisalsaga Portsjonid: 4

Küpsetusaeg: 10 minutit

Koostis:

Salsa:

1 Inglise kurk, tükeldatud

¼ tassi magustamata kookosjogurtit

2 spl hakitud värsket piparmünti

1 sibul, valge ja roheline osa, tükeldatud

1 tl toores mett

Meresool

Kala:

4 (5 untsi) forellifileed, kuivatatud

1 spl oliiviõli

Meresool ja värskelt jahvatatud must pipar, maitse järgiJuhised:

1. Valmistage salsa: segage väikeses kausis jogurt, kurk, piparmünt, sibul, mesi ja meresool, kuni need on täielikult segunenud. Kõrvale panema.

2. Hõõru forellifileed puhtal tööpinnal kergelt meresoola ja pipraga.

3. Kuumuta oliiviõli suurel pannil keskmisel kuumusel. Lisa forellifileed kuumale pannile ja prae umbes 10 minutit, kala poole pealt ümber pöörates või kuni kala on oma maitse järgi küpsenud.

4. Määri salsa kala peale ja serveeri.

Toitumisalane teave:kaloreid: 328 ; rasv: 16,2g ; valk: 38,9g ; süsivesikud: 6,1 g

; kiudained: 1,0g ; suhkur: 3,2g; naatrium: 477 mg

Sidruni Zoodles krevettidega portsjonid: 4

Küpsetusaeg: 0 minutit

Koostis:

Kaste:

½ tassi pakitud värskeid basiiliku lehti

1 sidruni mahl (või 3 supilusikatäit)

1 tl villitud hakitud küüslauku

Näputäis meresoola

Näputäis värskelt jahvatatud musta pipart

¼ tassi konserveeritud täisrasvast kookospiima

1 suur kollane kõrvits, julieneeritud või spiraalitud 1 suur suvikõrvits, julieneeritud või spiraalitud

1 nael (454 g) krevette, puhastatud, keedetud, kooritud ja jahutatud 1 sidruni koor (valikuline)

Juhised:

1. Valmista kaste: Töötle basiilikulehed, sidrunimahl, küüslauk, meresool ja pipar köögikombainis, kuni need on põhjalikult hakitud.

2. Vala aeglaselt sisse kookospiim, kui protsessor veel töötab. Pulse ühtlaseks.

3. Tõsta kaste suurde kaussi koos kollase squashi ja suvikõrvitsaga. Viska hästi.

4. Laota krevetid ja sidrunikoor (soovi korral) nuudlite peale. Serveeri kohe.

Toitumisalane teave:kaloreid: 246 ; rasv: 13,1 g ; valk: 28,2g ; süsivesikud: 4,9 g

; kiudained: 2,0g ; suhkur: 2,8g; naatrium: 139 mg

Krõbedad krevettide portsjonid: 4

Küpsetusaeg: 3 minutit

Koostis:

1 nael krevetid, kooritud ja tükeldatud

½ tassi kalapaneerimissegu

Toiduvalmistamise pihusti

Juhised:

1. Eelsoojendage fritüür temperatuurini 390 kraadi F.

2. Piserdage krevetid õliga.

3. Kata paneerimisseguga.

4. Pihustage fritüüri korv õliga.

5. Lisage krevetid õhufritüüri korvi.

6. Küpseta 3 minutit.

Praetud meriahvena portsjonid: 2

Koostis:

2 hakitud küüslauguküünt

Pipar.

1 spl. sidrunimahl

2 valget meriahvena fileed

¼ tl. ürtide maitseainesegu

Juhised:

1. Piserda broileripann veidi oliiviõliga ja aseta sellele fileed.

2. Piserda fileedele sidrunimahl, küüslauk ja maitseained.

3. Prae umbes 10 min või kuni kala on kuldne.

4. Serveeri soovi korral praetud spinati kohal.

Toitumisalane teave:Kalorid: 169, rasvad: 9,3 g, süsivesikud: 0,34 g, valgud: 15,3

g, suhkrud: 0,2 g, naatrium: 323 mg

Lõhekookide portsjonid: 4

Küpsetusaeg: 10 minutit

Koostis:

Toiduvalmistamise pihusti

1 nael helvestatud lõhefilee

¼ tassi mandlijahu

2 tl Old Bay maitseainet

1 roheline sibul, hakitud

Juhised:

1. Eelsoojendage fritüür temperatuurini 390 kraadi F.

2. Pihustage oma fritüüri korvi õliga.

3. Sega kausis ülejäänud koostisosad.

4. Vormi segust pätsikesed.

5. Piserda pätsikesed mõlemalt poolt õliga.

6. Prae õhu käes 8 minutit.

Vürtsika tursa portsjonid: 4

Koostis:

2 spl. Värske hakitud petersell

2 naela. tursafileed

2 c. madala naatriumisisaldusega salsa

1 spl. maitsetu õli

Juhised:

1. Kuumuta ahi temperatuurini 350°F.

2. Nirista õli suure sügava ahjuvormi põhja mööda.

Aseta tursafileed nõusse. Vala salsa kalale. Kata fooliumiga 20 minutiks. Küpsetamise viimased 10 minutit eemaldage foolium.

3. Küpseta ahjus 20 – 30 minutit, kuni kala on helbed.

4. Serveeri valge või pruuni riisiga. Kaunista peterselliga.

Toitumisalane teave:Kalorid: 110, rasvad: 11 g, süsivesikud: 83 g, valgud: 16,5 g, suhkrud: 0 g, naatrium: 122 mg

Suitsutatud forellivõie portsjonid: 2

Koostis:

2 tl. Värske sidrunimahl

½ c. madala rasvasisaldusega kodujuust

1 kuubikuteks lõigatud sellerivars

¼ naela kooritud suitsuforellifilee,

½ tl. Worcestershire'i kaste

1 tl. kuum piprakaste

¼ c. jämedalt hakitud punane sibul

Juhised:

1. Sega forell, kodujuust, punane sibul, sidrunimahl, terav piprakaste ja Worcestershire'i kaste segistis või köögikombainis kokku.

2. Töötle ühtlaseks massiks, peatades, et vajadusel kausi külgi maha kraapida.

3. Voldi sisse kuubikuteks lõigatud seller.

4. Hoida õhukindlas anumas külmkapis.

Toitumisalane teave:Kalorid: 57, rasvad: 4 g, süsivesikud: 1 g, valgud: 4 g, suhkrud: 0 g, naatrium: 660 mg

Tuunikala ja šalottsibula portsjonid: 4

Koostis:

½ c. madala naatriumisisaldusega kanapuljong

1 spl. oliiviõli

4 kondita ja nahata tuunikala fileed

2 hakitud šalottsibulat

1 tl. magus paprika

2 spl. laimi mahl

¼ tl. must pipar

Juhised:

1. Kuumuta pann õliga keskmisel kõrgel kuumusel, lisa šalottsibul ja prae 3 minutit.

2. Lisa kala ja küpseta seda 4 minutit mõlemalt poolt.

3. Lisa ülejäänud ained, küpseta kõike veel 3 minutit, jaga taldrikutele ja serveeri.

Toitumisalane teave:Kalorid: 4040, rasvad: 34,6 g, süsivesikud: 3 g, valgud: 21,4 g, suhkrud: 0,5 g, naatrium: 1000 mg

Sidrunipipra krevettide portsjonid: 2

Küpsetusaeg: 10 minutit

Koostis:

1 spl sidrunimahla

1 spl oliiviõli

1 tl sidrunipipart

¼ tl küüslaugupulbrit

¼ teelusikatäit paprikat

12 untsi. krevetid, kooritud ja tükeldatud

Juhised:

1. Eelsoojendage fritüür temperatuurini 400 kraadi F.

2. Sega kausis sidrunimahl, oliiviõli, sidrunipipar, küüslaugupulber ja paprika.

3. Sega hulka krevetid ja kata seguga ühtlaselt.

4. Lisa õhufritüüri.

5. Küpseta 8 minutit.

Kuuma tuunikala steiki portsjonid: 6

Koostis:

2 spl. Värske sidrunimahl

Pipar.

Röstitud apelsini küüslaugu majonees

¼ c. terved musta pipraterad

6 viilutatud tuunikala steiki

2 spl. Ekstra neitsioliiviõli

soola

Juhised:

1. Aseta tuunikala sobivasse kaussi. Lisa õli, sidrunimahl, sool ja pipar. Keera tuunikala, et see marinaadis hästi kattuks. Lase puhata 15-20

minutit, keerates üks kord.

2. Asetage pipraterad kahekordse paksusega kilekottidesse. Koputage pipraterad raske kastruli või väikese vasaraga, et need jämedalt purustada. Aseta suurele taldrikule.

3. Kui oled valmis tuunikala küpsetama, kasta servad purustatud pipraterades se. Kuumutage mittenakkuvat panni keskmisel kuumusel. Küpseta tuunikala pihve, vajadusel partiidena, keskmiselt haruldaste kalade puhul 4 minutit ühelt poolt, vajadusel lisades pannile 2–3 supilusikatäit marinaadi, et vältida kleepumist.

4. Serveeri röstitult koos röstitud apelsini küüslaugumajoneesiga<u>Toitumisalane teave:</u>Kalorid: 124, rasv: 0,4 g, süsivesikud: 0,6 g, valgud: 28 g, suhkrud: 0 g, naatrium: 77 mg

Cajuni lõhe portsjonid: 2

Küpsetusaeg: 10 minutit

Koostis:

2 lõhefileed

Toiduvalmistamise pihusti

1 spl Cajuni maitseainet

1 spl mett

Juhised:

1. Eelsoojendage fritüür temperatuurini 390 kraadi F.

2. Piserda kala mõlemalt poolt õliga.

3. Puista üle Cajuni maitseainega.

4. Pihustage fritüüri korv õliga.

5. Lisa õhufritüüri korvi lõhe.

6. Prae õhu käes 10 minutit.

Kvinoa lõhekauss köögiviljadega

Portsjonid: 4

Küpsetusaeg: 0 minutit

Koostis:

1 nael (454 g) keedetud lõhet, helbed

4 tassi keedetud kinoat

6 redist õhukesteks viiludeks

1 suvikõrvits, viilutatud poolkuudeks

3 tassi rukolat

3 sibulat, hakitud

½ tassi mandliõli

1 tl suhkruvaba kuuma kastet

1 spl õunasiidri äädikat

1 tl meresoola

½ tassi röstitud viilutatud mandleid, kaunistamiseks (valikuline) **Juhised:**

1. Sega suures kausis kokku helvestatud lõhe, keedetud kinoa, redised, suvikõrvits, rukola ja talisibul ning sega korralikult läbi.

2. Lisage mandliõli, kuum kaste, õunasiidri äädikas ja meresool ning segage.

3. Jaga segu nelja kaussi. Soovi korral puista igasse kaussi ühtlaselt kaunistamiseks riivitud mandlitega. Serveeri kohe.

Toitumisalane teave:kaloreid: 769 ; rasv: 51,6g ; valk: 37,2g ; süsivesikud: 44,8 g ; kiudained: 8,0g ; suhkur: 4,0g; naatrium: 681 mg

Purustatud kala portsjonid: 4

Küpsetusaeg: 15 minutit

Koostis:

¼ tassi oliiviõli

1 tass kuiva riivsaia

4 valget kalafileed

Pipar maitse järgi

Juhised:

1. Eelsoojendage fritüür temperatuurini 350 kraadi F.

2. Puista kala mõlemad pooled pipraga.

3. Sega kausis õli ja riivsai.

4. Kasta kala segusse.

5. Vajutage riivsaia külge.

6. Asetage kala õhufritüüri.

7. Küpseta 15 minutit.

Lihtsate lõhepihvide portsjonid: 4

Küpsetusaeg: 8-10 minutit

Koostis:

1 nael (454 g) nahata kondiga lõhefileed, hakitud ¼ tassi hakitud magusat sibulat

½ tassi mandlijahu

2 küüslauguküünt, hakitud

2 muna, lahtiklopitud

1 tl Dijoni sinepit

1 spl värskelt pressitud sidrunimahla

Riputa peale punase pipra helbed

½ tl meresoola

¼ tl värskelt jahvatatud musta pipart

1 spl avokaadoõli

Juhised:

1. Segage suures kausis kokku hakitud lõhe, magus sibul, mandlijahu, küüslauk, lahtiklopitud munad, sinep, sidrunimahl, punase pipra helbed, meresool ja pipar ning segage, kuni see on hästi segunenud.

2. Lase lõhesegul 5 minutit puhata.

3. Kühveldage lõhe segu ja vormige kätega neli ½ tolli paksust pätsi.

4. Kuumuta avokaadoõli suurel pannil keskmisel kuumusel. Lisa pätsikesed kuumale pannile ja küpseta mõlemalt poolt 4–5 minutit, kuni need on kergelt pruunistunud ja läbi küpsenud.

5. Tõsta tulelt ja serveeri taldrikule.

Toitumisalane teave:kaloreid: 248 ; rasv: 13,4g ; valk: 28,4g ; süsivesikud: 4,1 g

; kiudained: 2,0g ; suhkur: 2,0 g; naatrium: 443 mg

Popkorni krevettide portsjonid: 4

Küpsetusaeg: 10 minutit

Koostis:

½ tl sibulapulbrit

½ tl küüslaugupulbrit

½ tl paprikat

¼ tl jahvatatud sinepit

⅛ tl kuivatatud salvei

⅛ tl jahvatatud tüümiani

⅛ tl kuivatatud pune

⅛ tl kuivatatud basiilikut

Pipar maitse järgi

3 supilusikatäit maisitärklist

1 nael krevetid, kooritud ja tükeldatud

Toiduvalmistamise pihusti

Juhised:

1. Sega kausis kõik koostisosad peale krevettide.

2. Kata krevetid seguga.

3. Pihustage õhufritüüri korv õliga.

4. Eelsoojendage fritüür temperatuurini 390 kraadi F.

5. Lisa krevetid sisse.

6. Prae õhu käes 4 minutit.

7. Raputage korvi.

8. Küpseta veel 5 minutit.

Vürtsika küpsetatud kala portsjonid: 5

Koostis:

1 spl. oliiviõli

1 tl. vürtsi soolavaba maitseaine

1 nael lõhefilee

Juhised:

1. Kuumuta ahi temperatuurini 350 F.

2. Piserda kala oliiviõli ja maitseainetega.

3. Küpseta 15 min kaaneta.

4. Viiluta ja serveeri.

Toitumisalane teave:Kalorid: 192, rasvad: 11 g, süsivesikud: 14,9 g, valgud: 33,1 g, suhkrud: 0,3 g, naatrium: 505 6 mg

Paprika tuunikala portsjonid: 4

Koostis:

½ tl. tšilli pulber

2 tl. magus paprika

¼ tl. must pipar

2 spl. oliiviõli

4 kondita tuunikala steiki

Juhised:

1. Kuumuta pann õliga keskmisel-kõrgel kuumusel, lisa tuunikala pihvid, maitsesta paprika, musta pipra ja tšillipulbriga, küpseta mõlemalt poolt 5 minutit, jaota taldrikutele ja serveeri koos salatiga.

Toitumisalane teave:Kalorid: 455, rasvad: 20,6 g, süsivesikud: 0,8 g, valgud: 63,8

g, suhkrud: 7,4 g, naatrium: 411 mg

Kalakotletid Portsjonid: 2

Küpsetusaeg: 7 minutit

Koostis:

8 untsi valge kalafilee, helbed

Küüslaugupulber maitse järgi

1 tl sidrunimahla

Juhised:

1. Eelsoojendage fritüür temperatuurini 390 kraadi F.

2. Kombineeri kõik koostisosad.

3. Vormi segust pätsikesed.

4. Aseta kalakotletid õhufritüüri.

5. Küpseta 7 minutit.

Praetud kammkarbid meega portsjonitena: 4

Küpsetusaeg: 15 minutit

Koostis:

1 nael (454 g) suuri kammkarpe, loputatud ja kuivaks patsutatud Dash meresoola

Riputa peale värskelt jahvatatud musta pipart

2 spl avokaadoõli

¼ tassi toores mett

3 supilusikatäit kookospähkli aminohappeid

1 spl õunasiidri äädikat

2 küüslauguküünt, hakitud

Juhised:

1. Lisage kaussi kammkarbid, meresool ja pipar ning segage, kuni need on hästi kaetud.

2. Kuumuta suurel pannil avokaadoõli keskmisel-kõrgel kuumusel.

3. Prae kammkarpe mõlemalt poolt 2–3 minutit või kuni kammkarbid muutuvad piimjasvalgeks või läbipaistmatuks ja kõvaks.

4. Tõsta kammkarbid tulelt taldrikule ja telki lõdvalt fooliumiga, et hoida soojas. Kõrvale panema.

5. Lisage pannile mesi, kookospähkli aminohapped, äädikas ja küüslauk ning segage hästi.

6. Kuumuta keemiseni ja keeda umbes 7 minutit, kuni vedelik on vähenenud, aeg-ajalt segades.

7. Pange röstitud kammkarbid tagasi pannile ja segage, et katta need glasuuriga.

8. Jaga kammkarbid nelja taldriku vahel ja serveeri soojalt.

Toitumisalane teave:kaloreid: 382 ; rasv: 18,9g ; valk: 21,2g ; süsivesikud: 26,1 g ; kiudained: 1,0g ; suhkur: 17,7g; naatrium: 496 mg

Tursafileed shiitake seentega Portsjonid: 4

Küpsetusaeg: 15-18 minutit

Koostis:

1 küüslauguküüs, hakitud

1 porru, õhukeselt viilutatud

1 tl hakitud värsket ingverijuurt

1 spl oliiviõli

½ tassi kuiva valget veini

½ tassi viilutatud shiitake seeni

4 (6 untsi / 170 g) tursafileed

1 tl meresoola

⅛ tl värskelt jahvatatud musta pipart

Juhised:

1. Kuumuta ahi temperatuurini 375ºF (190ºC).

2. Sega küpsetuspannil kokku küüslauk, porrulauk, ingverijuur, vein, oliiviõli ja seened ning klopi, kuni seened on ühtlaselt kaetud.

3. Küpseta eelkuumutatud ahjus 10 minutit, kuni see on kergelt pruunistunud.

4. Eemaldage küpsetuspann ahjust. Laota peale tursafileed ning maitsesta meresoola ja pipraga.

5. Kata alumiiniumfooliumiga ja pane tagasi ahju. Küpseta 5 kuni 8

minutit rohkem või kuni kala on helbeline.

6. Eemaldage alumiiniumfoolium ja jahutage 5 minutit enne serveerimist.

Toitumisalane teave:kalorid: 166 ; rasv: 6,9g ; valk: 21,2g ; süsivesikud: 4,8 g; kiudained: 1,0g ; suhkur: 1,0 g; naatrium: 857 mg

Praetud valgemereahvena portsjonid: 2

Koostis:

1 tl. purustatud küüslauk

Jahvatatud must pipar

1 spl. sidrunimahl

8 untsi valge meriahvena filee

¼ tl. soolavaba ürdimaitseainesegu

Juhised:

1. Eelsoojendage broiler ja asetage rest soojusallikast 4 tolli kaugusele.

2. Pihustage ahjupannile kergelt küpsetussprei. Aseta fileed pannile. Piserda fileedele sidrunimahl, küüslauk, ürdimaitseaine ja pipar.

3. Prae umbes 8–10 minutit, kuni kala on noaotsaga testimisel läbipaistmatu.

4. Serveeri kohe.

Toitumisalane teave:Kalorid: 114, rasvad: 2 g, süsivesikud: 2 g, valgud: 21 g, suhkrud: 0,5 g, naatrium: 78 mg

Küpsetatud tomatihake portsjonid: 4-5

Koostis:

½ c. tomati kaste

1 spl. oliiviõli

Petersell

2 viilutatud tomatit

½ c. riivjuust

4 naela. konditustatud ja viilutatud merluusikala

soola.

Juhised:

1. Kuumuta ahi temperatuurini 400 0F.

2. Maitsesta kala soolaga.

3. Pannil või kastrulis; praadige kala oliiviõlis poolvalmis.

4. Võtke kala katmiseks neli fooliumipaberit.

5. Vormi foolium anumatele sarnaseks; lisage igasse fooliuminõusse tomatikaste.

6. Lisa kala, tomativiilud ja riivi peale riivjuust.

7. Küpseta kuni kuldse kooriku tekkimiseni, umbes 20-25 minutit.

8. Ava pakid ja pane peale petersell.

Toitumisalane teave:Kalorid: 265, rasvad: 15 g, süsivesikud: 18 g, valgud: 22 g, suhkrud: 0,5 g, naatrium: 94,6 mg

Praetud kilttursk peediga Portsjonid: 4

Küpsetusaeg: 30 minutit

Koostis:

8 peeti, kooritud ja lõigatud kaheksandikku

2 šalottsibulat, õhukeselt viilutatud

2 spl õunasiidri äädikat

2 spl oliiviõli, jagatud

1 tl villitud hakitud küüslauku

1 tl hakitud värsket tüümiani

Näputäis meresoola

4 (5 untsi / 142 g) kilttursa fileed, kuivatatakseJuhised:

1. Kuumuta ahi temperatuurini 400 ºF (205 ºC).

2. Sega peet, šalottsibul, äädikas, 1 supilusikatäis oliiviõli, küüslauk, tüümian ja meresool keskmises kausis ning viska, et see kataks hästi.

Aja peedisegu ahjuvormi laiali.

3. Rösti eelsoojendatud ahjus umbes 30 minutit, keerates spaatliga üks-kaks korda või kuni peet on pehme.

4. Samal ajal kuumuta ülejäänud 1 supilusikatäis oliivõli suurel pannil keskmisel-kõrgel kuumusel.

5. Lisa kilttursk ja prae mõlemalt poolt 4–5 minutit või seni, kuni viljaliha on läbipaistmatu ja koorub kergesti lahti.

6. Tõsta kala taldrikule ja serveeri röstitud peediga.

Toitumisalane teave:kaloreid: 343 ; rasv: 8,8g ; valk: 38,1g ; süsivesikud: 20,9 g

; kiudained: 4,0g ; suhkur: 11,5 g; naatrium: 540 mg

Südamlikud tuunikala sulatised: 4

Koostis:

3 untsi riivitud vähendatud rasvasisaldusega cheddari juust

1/3 c. hakitud seller

Must pipar ja sool

¼ c. hakitud sibul

2 täistera inglise muffinit

6 untsi nõrutatud valge tuunikala

¼ c. madala rasvasisaldusega vene keel

Juhised:

1. Eelsoojenda broiler. Kombineeri tuunikala, seller, sibul ja salatikaste.

2. Maitsesta soola ja pipraga.

3. Rösti inglise muffinipoolikud.

4. Asetage pooliga pool ülespoole küpsetuspaberiga kaetud ahjuplaadile ja lisage igale poole 1/4 tuunikala segust.

5. Hauta 2–3 minutit või kuni see on läbi kuumutatud.

6. Valage peale juust ja pange tagasi broilerisse, kuni juust on sulanud, umbes 1 minut kauem.

Toitumisalane teave: Kalorid: 320, rasvad: 16,7 g, süsivesikud: 17,1 g, valgud: 25,7

g, suhkrud: 5,85 g, naatrium: 832 mg

Sidrunilõhe ja kaffir-laimi portsjonid: 8

Koostis:

1 neljaks lõigatud ja muljutud sidrunheina vars

2 kaffiri rebitud laimilehte

1 õhukeselt viilutatud sidrun

1 ½ c. värsked koriandri lehed

1 terve külgne lõhefilee

Juhised:

1. Eelsoojenda ahi temperatuurini 350°F.

2. Kata küpsetuspann fooliumilehtedega, kattudes külgedega. 3. Aseta lõhe fooliumile, aseta peale sidrun, laimilehed, sidrunhein ja 1 tass koriandrilehti. Variant: maitsesta soola ja pipraga.

4. Enne tihendi voltimist tooge fooliumi pikem külg keskele.

Lõhe sulgemiseks keera otsad rulli.

5. Küpseta 30 minutit.

6. Tõsta keedetud kala vaagnale. Kõige peale lisa värske koriander.

Serveeri valge või pruuni riisiga.

Toitumisalane teave:Kalorid: 103, rasvad: 11,8 g, süsivesikud: 43,5 g, valgud: 18 g, suhkrud: 0,7 g, naatrium: 322 mg

Õrn lõhe sinepikastmes portsjonid: 2

Koostis:

5 spl. Hakitud till

2/3 c. hapukoor

Pipar.

2 spl. Dijoni sinep

1 tl. küüslaugupulber

5 untsi lõhefileed

2-3 spl. Sidrunimahl

Juhised:

1. Sega hapukoor, sinep, sidrunimahl ja till.

2. Maitsesta fileed pipra ja küüslaugupulbriga.

3. Laota lõhe ahjuplaadile nahk allapoole ja kata valmis sinepikastmega.

4. Küpseta 20 minutit 390°F juures.

Toitumisalane teave:Kalorid: 318, rasvad: 12 g, süsivesikud: 8 g, valgud: 40,9 g, suhkrud: 909,4 g, naatrium: 1,4 mg

Krabi salati portsjonid: 4

Koostis:

2 c. krabiliha

1 c. poolitatud kirsstomatid

1 spl. oliiviõli

Must pipar

1 hakitud šalottsibul

1/3 c. hakitud koriander

1 spl. sidrunimahl

Juhised:

1. Sega kausis krabi tomatite ja teiste koostisosadega, viska läbi ja serveeri.

Toitumisalane teave:Kalorid: 54, rasvad: 3,9 g, süsivesikud: 2,6 g, valgud: 2,3 g, suhkrud: 2,3 g, naatrium: 462,5 mg

Küpsetatud lõhe Miso kastmega portsjonid: 4

Küpsetusaeg: 15-20 minutit

Koostis:

Kaste:

¼ tassi õunasiidrit

¼ tassi valget misot

1 spl oliiviõli

1 supilusikatäis valget riisiäädikat

⅛ tl jahvatatud ingverit

4 (3–4 untsi / 85–113 g) kondita lõhefileed 1 viilutatud talisibul kaunistuseks

⅛ tl punase pipra helbeid, kaunistuseks

Juhised:

1. Kuumuta ahi temperatuurini 375ºF (190ºC).

2. Valmista kaste: vispelda väikeses kausis kokku õunasiider, valge miso, oliiviõli, riisiäädikas, ingver. Kui soovid vedelamat konsistentsi, lisa veidi vett.

3. Laota lõhefileed ahjupannile, nahk allpool. Tõsta lusikaga valmis kaste fileedele, et need ühtlaselt kataks.

4. Küpseta eelsoojendatud ahjus 15–20 minutit või kuni kala kahvliga kergelt helbeks läheb.

5. Kaunista viilutatud sibula ja punase pipra helvestega ning serveeri.

Toitumisalane teave:kalorid: 466 ; rasv: 18,4g ; valk: 67,5g ; süsivesikud: 9,1 g

; kiudained: 1,0g ; suhkur: 2,7g; naatrium: 819 mg

Ürdiga kaetud küpsetatud tursk meega

Portsjonid: 2

Koostis:

6 spl. Ürdimaitseline täidis

8 untsi tursafileed

2 spl. Kallis

Juhised:

1. Kuumuta ahi temperatuurini 375 0F.

2. Pihustage küpsetuspannile kergelt küpsetussprei.

3. Pane ürdimaitseline täidis kotti ja sulge. Purusta täidist, kuni see muutub muredaks.

4. Määri kalad meega ja eemalda ülejäänud mesi.

Lisa üks filee täidise kotti ja raputa õrnalt, et kala oleks täielikult kaetud.

5. Tõsta tursk ahjupannile ja korda seda protsessi teise kala puhul.

6. Mähi fileed fooliumiga ja küpseta, kuni noatera otsaga katsetades need on läbini kõvad ja läbipaistmatud, umbes kümme minutit.

7. Serveeri kuumalt.

Toitumisalane teave:Kalorid: 185, rasvad: 1 g, süsivesikud: 23 g, valgud: 21 g, suhkrud: 2 g, naatrium: 144,3 mg

Parmesani tursa segu portsjonid: 4

Koostis:

1 spl. sidrunimahl

½ c. hakitud roheline sibul

4 kondita tursafileed

3 hakitud küüslauguküünt

1 spl. oliiviõli

½ c. hakitud madala rasvasisaldusega parmesani juust

Juhised:

1. Kuumuta pann õliga keskmisel kuumusel, lisa küüslauk ja roheline sibul, sega läbi ja prae 5 minutit.

2. Lisa kala ja küpseta seda 4 minutit mõlemalt poolt.

3. Lisa sidrunimahl, puista peale parmesan, küpseta kõike veel 2 minutit, jaga taldrikutele ja serveeri.

Toitumisalane teave:Kalorid: 275, rasvad: 22,1 g, süsivesikud: 18,2 g, valgud: 12 g, suhkrud: 0,34 g, naatrium: 285,4 mg

Krõbedad küüslaugukrevettide portsjonid: 4

Küpsetusaeg: 10 minutit

Koostis:

1 nael krevetid, kooritud ja tükeldatud

2 tl küüslaugupulbrit

Pipar maitse järgi

¼ tassi jahu

Toiduvalmistamise pihusti

Juhised:

1. Maitsesta krevetid küüslaugupulbri ja pipraga.

2. Kata jahuga.

3. Pihustage oma fritüüri korvi õliga.

4. Lisage krevetid õhufritüüri korvi.

5. Küpseta 400 kraadi F juures 10 minutit, poole peal loksutades.

Kreemjas meriahvena segu portsjonid: 4

Koostis:

1 spl. hakitud petersell

2 spl. avokaadoõli

1 c. kookospähkli kreem

1 spl. laimi mahl

1 hakitud kollane sibul

¼ tl. must pipar

4 kondita meriahvena fileed

Juhised:

1. Kuumuta pann õliga keskmisel kuumusel, lisa sibul, sega läbi ja prae 2 minutit.

2. Lisa kala ja küpseta seda 4 minutit mõlemalt poolt.

3. Lisa ülejäänud ained, küpseta kõike veel 4 minutit, jaga taldrikutele ja serveeri.

Toitumisalane teave:Kalorid: 283, rasvad: 12,3 g, süsivesikud: 12,5 g, valgud: 8 g, suhkrud: 6 g, naatrium: 508,8 mg

Kurgi Ahi Poke portsjonid: 4

Küpsetusaeg: 0 minutit

Koostis:

Ahi Poke:

1 nael (454 g) sushikvaliteediga ahi tuunikala, lõigatud 1-tollisteks kuubikuteks 3 supilusikatäit kookospähkli aminosid

3 talisibulat, õhukeselt viilutatud

1 serrano tšiili, seemnetest puhastatud ja hakitud (valikuline) 1 tl oliiviõli

1 tl riisiäädikat

1 tl röstitud seesamiseemneid

Pisut jahvatatud ingverit

1 suur avokaado, tükeldatud

1 kurk, viilutatud ½ tolli paksusteks ringideksJuhised:

1. Valmistage ahi tuuni: visake suurde kaussi ahi tuunikala kuubikud koos kookospähklite, sibulate, serrano tšilli (soovi korral), oliiviõli, äädika, seesamiseemnete ja ingveriga.

2. Kata kauss kilega ja marineeri külmikus 15

minutit.

3. Lisage kuubikuteks lõigatud avokaado ahi poke kaussi ja segage.

4. Laota kurgiringid serveerimistaldrikule. Tõsta lusikaga ahi torka kurgile ja serveeri.

Toitumisalane teave:kaloreid: 213 ; rasv: 15,1 g ; valk: 10,1g ; süsivesikud: 10,8 g; kiudained: 4,0g ; suhkur: 0,6 g; naatrium: 70 mg

Minty Cod Mix portsjonid: 4

Koostis:

4 kondita tursafileed

½ c. madala naatriumisisaldusega kanapuljong

2 spl. oliiviõli

¼ tl. must pipar

1 spl. hakitud piparmünt

1 tl. riivitud sidrunikoor

¼ c. hakitud šalottsibul

1 spl. sidrunimahl

Juhised:

1. Kuumuta pann õliga keskmisel kuumusel, lisa šalottsibul, sega ja hauta 5 minutit.

2. Lisa tursk, sidrunimahl ja muud koostisosad, lase keema tõusta ja kuumuta keskmisel kuumusel 12 minutit.

3. Jaga kõik taldrikutele ja serveeri.

Toitumisalane teave:Kalorid: 160, rasvad: 8,1 g, süsivesikud: 2 g, valgud: 20,5 g, suhkrud: 8 g, naatrium: 45 mg

Sidruni- ja kreemjas tilapia portsjonid: 4

Koostis:

2 spl. Tükeldatud värske koriander

¼ c. madala rasvasisaldusega majonees

Värskelt jahvatatud must pipar

¼ c. värske sidrunimahl

4 tilapia fileed

½ c. riivitud madala rasvasisaldusega parmesani juust

½ tl. küüslaugupulber

Juhised:

1. Sega kausis kokku kõik koostisosad, välja arvatud tilapiafileed ja koriander.

2. Määri fileed ühtlaselt majoneesiseguga.

3. Asetage fileed suurele fooliumpaberile. Keerake fooliumipaber fileede ümber, et need tihendada.

4. Asetage fooliumipakk suure aeglase pliidi põhja.

5. Lülitage aeglane pliit madalale kuumusele.

6. Katke ja küpseta 3-4 tundi.

7. Serveeri koos koriandri lisandiga.

Toitumisalane teave:Kalorid: 133,6, rasvad: 2,4 g, süsivesikud: 4,6 g, valgud: 22 g, suhkrud: 0,9 g, naatrium: 510,4 mg

Kalatacote portsjonid: 4

Küpsetusaeg: 20 minutit

Koostis:

Toiduvalmistamise pihusti

1 spl oliiviõli

4 tassi kapsast

1 spl õunasiidri äädikat

1 spl laimimahla

Näputäis cayenne'i pipart

Pipar maitse järgi

2 spl taco maitseainesegu

¼ tassi universaalset jahu

1 nael kuubikuteks viilutatud tursafilee

4 maisi tortillat

Juhised:

1. Eelsoojendage fritüür temperatuurini 400 kraadi F.

2. Pihustage oma fritüüri korvi õliga.

3. Sega kausis oliiviõli, kapsasalat, äädikas, laimimahl, cayenne'i pipar ja pipar.

4. Sega teises kausis taco maitseaine ja jahu.

5. Määri kalakuubikud taco maitseaineseguga.

6. Lisage need fritüüri korvi.

7. Prae õhu käes 10 minutit, poole peal loksutades.

8. Määri maisitortillad kala ja kapsa salati seguga ning keera rulli.

Ingveri meriahvena segu portsjonid: 4

Koostis:

4 kondita meriahvena fileed

2 spl. oliiviõli

1 tl. riivitud ingver

1 spl. hakitud koriander

Must pipar

1 spl. palsamiäädikas

Juhised:

1. Kuumuta pann õliga keskmisel kuumusel, lisa kala ja küpseta 5 minutit mõlemalt poolt.

2. Lisa ülejäänud ained, küpseta kõike veel 5 minutit, jaota kõik taldrikutele ja serveeri.

Toitumisalane teave:Kalorid: 267, rasvad: 11,2 g, süsivesikud: 1,5 g, valgud: 23 g, suhkrud: 0,78 g, naatrium: 321,2 mg

Kookose krevettide portsjonid: 4

Küpsetusaeg: 6 minutit

Koostis:

2 muna

1 tass magustamata kuivatatud kookospähkel

¼ tassi kookosjahu

¼ teelusikatäit paprikat

Natuke Cayenne'i pipart

½ tl meresoola

Riputa peale värskelt jahvatatud musta pipart

¼ tassi kookosõli

1 nael (454 g) tooreid krevette, kooritud, viilutatud ja kuivaks patsutatudJuhised:

1. Klopi munad väikeses madalas kausis vahuks. Kõrvale panema.

2. Segage eraldi kausis kokku kookospähkel, kookosjahu, paprika, Cayenne'i pipar, meresool ja must pipar ning segage, kuni see on hästi segunenud.

3. Kastke krevetid lahtiklopitud munadesse, seejärel määrige krevetid kookosseguga. Raputage üleliigne maha.

4. Kuumuta kookosõli suurel pannil keskmisel-kõrgel kuumusel.

5. Lisa krevetid ja küpseta 3–6 minutit, aeg-ajalt segades või kuni viljaliha on täiesti roosa ja läbipaistmatu.

6. Tõsta keedetud krevetid paberrätikutega kaetud taldrikule nõrguma. Serveeri soojalt.

Toitumisalane teave:kalorid: 278 ; rasv: 1,9 g; valk: 19,2g ; süsivesikud: 5,8 g; kiudained: 3,1g ; suhkur: 2,3 g; naatrium: 556 mg

Sealiha muskaatkõrvitsaga portsjonid: 4

Küpsetusaeg: 35 minutit

Koostis:

1-kilone sealiha hautis, kuubikuteks

1 suvikõrvits, kooritud ja kuubikuteks lõigatud

1 kollane sibul, hakitud

2 spl oliiviõli

2 küüslauguküünt, hakitud

½ tl garam masala

½ tl muskaatpähklit, jahvatatud

1 tl tšillihelbed, purustatud

1 spl palsamiäädikat

Näputäis meresoola ja musta pipart

Juhised:

1. Kuumuta pann õliga keskmisel-kõrgel kuumusel, lisa sibul ja küüslauk ning prae 5 minutit.

2. Lisa liha ja pruunista veel 5 minutit.

3. Lisa ülejäänud ained, sega läbi, küpseta keskmisel kuumusel 25 minutit, jaga taldrikutele ja serveeri.

Toitumisalane teave:kaloreid 348, rasvu 18,2, kiudaineid 2,1, süsivesikuid 11,4, valke 34,3

Sidrunivõi krevettide riisi portsjonid: 3

Küpsetusaeg: 10 minutit

Koostis:

¼ tassi keedetud metsikut riisi

½ tl. Või jagatud

¼ tl. oliiviõli

1 tass tooreid krevette, kooritud, kuivatatud, nõrutatud ¼ tassi külmutatud herneid, sulatatud, loputatud, nõrutatud

1 spl. sidrunimahl, värskelt pressitud

1 spl. murulauk, hakitud

Näputäis meresoola, maitse järgi

Juhised:

1. Vala ¼ tl. Või ja õli vokkpannile pange keskmisele kuumusele. Lisage krevetid ja herned. Prae, kuni krevetid on koralliroosad, umbes 5–7 minutit.

2. Lisa metsik riis ja küpseta, kuni see on hästi kuumenenud – maitsesta soola ja võiga.

3. Tõsta taldrikule. Puista peale murulauk ja sidrunimahl.

Serveeri.

Toitumisalane teave:Kalorid 510 Süsivesikud: 0 g Rasvad: 0 g Valgud: 0 g

Kreveti-laimi küpsetis suvikõrvitsa ja maisiga, portsjonid: 4

Küpsetusaeg: 20 minutit

Koostis:

1 spl ekstra neitsioliiviõli

2 väikest suvikõrvitsat, lõigatud ¼-tollisteks kuubikuteks

1 tass külmutatud maisiterad

2 sibulat, õhukeselt viilutatud

1 tl soola

½ tl jahvatatud köömneid

½ tl chipotle tšillipulbrit

1 kilo kooritud krevette, vajadusel sulatada

1 supilusikatäis peeneks hakitud värsket koriandrit

1 laimi koor ja mahl

Juhised:

1. Kuumuta ahi temperatuurini 400 °F. Määri küpsetusplaat õliga.

2. Sega küpsetusplaadil suvikõrvits, mais, sibulad, sool, köömned ja tšillipulber ning sega korralikult läbi. Laota ühe kihina.

3. Lisa krevetid peale. Rösti 15-20 minuti jooksul.

4. Lisage koriandri ja laimi koor ja mahl, segage segu ja serveerige.

Toitumisalane teave:Kalorid 184 Rasvad kokku: 5 g Süsivesikud kokku: 11 g Suhkur: 3 g Kiudained: 2 g Valk: 26 g Naatrium: 846 mg

Lillkapsasupi portsjonid: 10

Küpsetusaeg: 10 minutit

Koostis:

¾ tassi vett

2 tl oliiviõli

1 sibul, tükeldatud

1 pea lillkapsast, ainult õisikud

1 purk täisrasvast kookospiima

1 tl kurkumit

1 tl ingverit

1 tl toores mett

Juhised:

1. Pange kõik kinnitusdetailid suurde potti ja keetke umbes 10 kraadi minutit.

2. Kasuta blenderit, et supp blenderdada ja muuta supi ühtlaseks.

Serveeri.

Toitumisalane teave:Süsivesikud kokku 7g Kiudained: 2g Netosüsivesikud: Valk: 2g Rasvad kokku: 11g Kalorid: 129

Maguskartuli musta oa burgerite portsjonid: 6

Küpsetusaeg: 10 minutit

Koostis:

1/2 jalapenot, seemnetest ja kuubikutest

1/2 tassi kinoat

6 täistera hamburgeri kuklit

1 purk musti ube, loputatud ja nõrutatud

Oliiviõli/kookosõli, toiduvalmistamiseks

1 maguskartul

1/2 tassi punast sibulat, tükeldatud

4 spl gluteenivaba kaerajahu

2 küüslauguküünt, hakitud

2 tl vürtsikat cajuni maitseainet

1/2 tassi koriandrit, tükeldatud

1 tl köömneid

Võrsed

Sool, maitse järgi

Pipar, maitse järgi

Crema jaoks:

2 supilusikatäit koriandrit, hakitud

1/2 küpset avokaadot, tükeldatud

4 spl madala rasvasisaldusega hapukoort/kreeka jogurtit 1 tl laimimahla

Juhised:

1. Loputa kinoa külma jooksva vee all. Pane kastrulisse tass vett ja kuumuta. Lisa kinoa ja kuumuta keemiseni.

2. Kata kaanega ja hauta tasasel tulel umbes 15 minutit, kuni kogu vesi on imendunud.

3. Keera kuumus maha ja aja kinoa kahvliga kohevaks. Seejärel tõsta kinoa kaussi ja lase 5-10 minutit jahtuda.

4. Torka kartulit kahvliga ja seejärel küpseta mõneks minutiks mikrolaineahjus, kuni see on põhjalikult küpsenud ja pehme. Pärast keetmist koorige kartul ja laske jahtuda.

5. Lisage keedetud kartul köögikombaini koos 1 purki mustade ubadega, ½ tassi hakitud koriandrit, 2 tl Cajuni maitseainet, ½

tass kuubikuteks lõigatud sibulat, 1 tl köömneid ja 2 hakitud küüslauguküünt.

Pulse, kuni saad ühtlase segu. Tõsta see kaussi ja lisa keedetud kinoa.

6. Lisa kaerajahu/kaerakliid. Sega korralikult läbi ja vormi 6 pätsiks. Tõsta pätsikesed ahjuplaadile ja tõsta umbes pooleks tunniks külmkappi.

7. Lisa kõik Crema koostisosad köögikombaini. Pulse ühtlaseks. Kohandage soola maitse järgi ja jahutage.

8. Määri küpsetuspann õliga ja kuumuta keskmisel kuumusel.

Küpseta pätsi mõlemalt poolt helekuldseks, vaid 3-4 minutit.

Serveeri kreemi, idandite, kuklitega ja mis tahes lemmiklisanditega.

Toitumisalane teave:206 kalorit 6 g rasva 33,9 g süsivesikuid kokku 7,9 g valku

Kookose-seenesupi portsjonid: 3

Küpsetusaeg: 10 minutit

Koostis:

1 supilusikatäis kookosõli

1 supilusikatäis jahvatatud ingverit

1 tass cremini seeni, tükeldatud

½ tl kurkumit

2 ja ½ tassi vett

½ tassi konserveeritud kookospiima

Meresool maitse järgi

Juhised:

1. Kuumuta suures potis keskmisel kuumusel kookosõli ja lisa seened. Küpseta 3-4 minutit.

2. Pange ülejäänud kinnitused ja keetke. Lase 5 minutit podiseda.

3. Jaga kolme supikausi vahel ja naudi!

Toitumisalane teave:Süsivesikud kokku 4 g Kiudaineid: 1 g valku: 2 g rasva kokku: 14 g kaloreid: 143

Talvise puuviljasalati portsjonid: 6

Küpsetusaeg: 0 minutit

Koostis:

4 keedetud maguskartulit, kuubikuteks (1-tollised kuubikud) 3 pirnid, kuubikuteks (1-tollised kuubikud)

1 tass viinamarju, poolitatud

1 õun, kuubikuteks

½ tassi pekanipähkli poolikuid

2 supilusikatäit oliiviõli

1 spl punase veini äädikat

2 supilusikatäit toores mett

Juhised:

1. Kastme valmistamiseks sega oliiviõli, punase veini äädikas, seejärel toormesi ja tõsta kõrvale.

2. Ühendage tükeldatud puuviljad, bataat ja pekanipähkli poolikud ning jagage need kuue serveerimiskausi vahel. Nirista iga kaussi kastmega üle.

Toitumisalane teave: Süsivesikud kokku 40 g Kiudained: 6 g Valgud: 3 g

Rasvad kokku: 11 g Kaloreid: 251

Mees röstitud kanakintsud porgandiga

Portsjonid: 4

Küpsetusaeg: 50 minutit

Koostis:

2 spl soolata võid, toatemperatuuril 3 suurt porgandit õhukesteks viiludeks

2 küüslauguküünt, hakitud

4 kondiga, nahaga kanakintsu

1 tl soola

½ tl kuivatatud rosmariini

¼ tl värskelt jahvatatud musta pipart

2 supilusikatäit mett

1 tass kana- või köögiviljapuljongit

Sidruniviilud, serveerimiseks

Juhised:

1. Kuumuta ahi temperatuurini 400 °F. Määri küpsetusplaat võiga.

2. Laota porgandid ja küüslauk ühe kihina ahjuplaadile.

3. Pane kana, nahk üleval, köögiviljade peale ning maitsesta soola, rosmariini ja pipraga.

4. Pane peale mesi ja lisa puljong.

5. Rösti 40–45 minuti jooksul. Eemaldage, seejärel laske 5 seista

minutit ja serveeri sidruniviiludega.

<u>Toitumisalane teave:</u>Kalorid 428 Rasvad kokku: 28 g Süsivesikud kokku: 15 g Suhkur: 11 g Kiudained: 2 g Valk: 30 g Naatrium: 732 mg

Türgi tšilli portsjonid: 8

Küpsetusaeg: 4 tundi ja 10 minutit

Koostis:

1-naelane jahvatatud kalkun, eelistatavalt 99% lahja

2 purki punaseid ube, loputatud ja nõrutatud (igaüks 15 untsi) 1 punane paprika, hakitud

2 purki tomatikastet (igaüks 15 untsi)

1 purk delikatessi viilutatud taltsutatud jalapeno paprikat, nõrutatud (16 untsi) 2 purki väikeseid tomateid, tükeldatud (15 untsi kumbki) 1 spl köömneid

1 kollane paprika, jämedalt hakitud

2 purki musti ube, eelistatavalt loputatud ja nõrutatud (igaüks 15 untsi) 1 tass maisi, külmutatud

2 supilusikatäit tšillipulbrit

1 spl oliiviõli

Must pipar ja sool maitse järgi

1 keskmine sibul, tükeldatud

Roheline sibul, avokaado, riivitud juust, kreeka jogurt/hapukoor, peal, valikuline

Juhised:

1. Kuumuta õli suurel pannil kuumaks. Kui olete valmis, asetage kalkun ettevaatlikult kuumale pannile ja küpseta, kuni see muutub pruuniks. Valage kalkun oma aeglase pliidi põhja, eelistatavalt 6 liitrit.

2. Lisa jalapeñod, mais, paprika, sibul, kuubikuteks lõigatud tomatid, tomatikaste, oad, köömned ja tšillipulber. Segage, seejärel lisage maitse järgi pipart ja soola.

3. Katke ja küpseta 6 tundi madalal kuumusel või 4 tundi kõrgel kuumusel.

Serveeri valikuliste lisanditega ja naudi.

Toitumisalane teave:kcal 455 Rasvad: 9 g Kiudained: 19 g Valgud: 38 g

Vürtsidega läätsesupp Portsjonid: 5

Küpsetusaeg: 25 minutit

Koostis:

1 tass kollast sibulat (kuubikuteks lõigatud)

1 tass porgandit (kuubikuteks lõigatud)

1 tass naerist

2 spl ekstra neitsioliiviõli

2 spl palsamiäädikat

4 tassi beebispinatit

2 tassi pruunid läätsed

¼ tassi värsket peterselli

Juhised:

1. Kuumuta kiirkeetja keskmisel leegil ning lisa sinna oliiviõli ja köögiviljad.

2. 5 minuti pärast lisa potti puljong, läätsed ja sool ning hauta 15 minutit.

3. Eemaldage kaas ja lisage sinna spinat ja äädikas.

4. Segage suppi 5 minutit ja lülitage leek välja.

5. Kaunista see värske peterselliga.

Toitumisalane teave:Kalorid 96 Süsivesikud: 16 g Rasvad: 1 g Valgud: 4 g

Küüslaugukana ja köögiviljade portsjonid: 4

Küpsetusaeg: 45 minutit

Koostis:

2 tl ekstra neitsioliiviõli

1 porrulauk, ainult valge osa, õhukesteks viiludeks

2 suurt suvikõrvitsat, lõigatud ¼-tollisteks viiludeks

4 kondiga, nahaga kanarinda

3 küüslauguküünt, hakitud

1 tl soola

1 tl kuivatatud pune

¼ tl värskelt jahvatatud musta pipart

½ tassi valget veini

1 sidruni mahl

Juhised:

1. Kuumuta ahi temperatuurini 400 °F. Määri küpsetusplaat õliga.

2. Aseta porru ja suvikõrvits ahjuplaadile.

3. Pange kana, naha pool ülespoole, ja puistake küüslaugu, soola, pune ja pipraga. Lisa vein.

4. Rösti 35–40 minuti jooksul. Eemaldage ja laske 5 minutit puhata.

5. Lisa sidrunimahl ja serveeri.

Toitumisalane teave:Kalorid 315 Rasvad kokku: 8 g Süsivesikud kokku: 12 g Suhkur: 4 g Kiudained: 2 g Valk: 44 g Naatrium: 685 mg

Suitsulõhe salati portsjonid: 4

Küpsetusaeg: 20 minutit

Koostis:

2 beebi apteegitilli sibulat, õhukeselt viilutatud, mõned lehed reserveeritud

1 spl soolatud beebikapparid, loputatud, nõrutatud ½ tassi naturaalset jogurtit

2 spl peterselli, hakitud

1 spl sidrunimahla, värskelt pressitud

2 spl värsket murulauku, hakitud

1 spl hakitud värsket estragoni

180 g viilutatud suitsulõhet, vähesoolast

½ punast sibulat, õhukeseks viilutatud

1 tl sidrunikoort, peeneks riivitud

½ tassi prantsuse rohelisi läätsi, loputatud

60 g värsket beebispinatit

½ avokaadot, viilutatud

Näputäis tuhksuhkrut

Juhised:

1. Pane vesi suurde kastrulisse koos veega ja keeda mõõdukal kuumusel. Kui keeb; küpseta läätsed pehmeks 20 minutit; kurna hästi.

2. Vahepeal kuumuta chargrill-pann eelnevalt kõrgel kuumusel.

Piserdage apteegitilli viiludele veidi õli ja küpseta, kuni need on pehmed, 2 minutit ühe külje kohta.

3. Töötle murulauk, petersell, jogurt, estragon, sidrunikoor ja kapparid köögikombainis täiesti ühtlaseks massiks ning seejärel maitsesta pipraga.

4. Pane sibul koos suhkru, mahla ja näpuotsatäie soolaga suurde segamisnõusse. Tõsta paariks minutiks kõrvale ja seejärel nõruta.

5. Kombineerige läätsed suures segamiskausis sibula, apteegitilli, avokaado ja spinatiga. Jaga ühtlaselt taldrikutele ja seejärel pane peale kala. Puista üle järelejäänud apteegitilli lehtedega ja veel värske peterselliga. Nirista üle rohelise jumalanna kastmega. Nautige.

Toitumisalane teave:kcal 368 Rasvad: 14 g Kiudained: 8 g Valgud: 20 g

Bean Shawarma salati portsjonid: 2

Küpsetusaeg: 20 minutit

Koostis:

Salati valmistamiseks

20 pita krõpsu

5 untsi kevadsalatit

10 kirsstomatit

¾ Tassi värsket peterselli

¼ tassi punast sibulat (haki)

Kikerherneste jaoks

1 spl Oliiviõli

1 Rubriik-spl köömneid ja kurkumit

½ Rubriik-spl paprika- ja koriandripulbrit 1 Näputäis musta pipart

½ napp koššersool

¼ spl ingveri ja kaneeli pulbrit

Riietuse ettevalmistamiseks

3 küüslauguküünt

1 spl Kuivatatud puur

1 spl laimimahla

Vesi

½ tassi hummust

Juhised:

1. Aseta rest juba eelkuumutatud ahju (204C). Sega kikerherned kõigi vürtside ja ürtidega.

2. Aseta ahjuplaadile õhuke kiht kikerherneid ja küpseta peaaegu 20 minutit. Küpseta, kuni oad on kuldpruunid.

3. Kastme valmistamiseks sega vahukausis kõik koostisained ja blenderda. Sobiva sujuvuse saavutamiseks lisage vett järk-järgult.

4. Salati valmistamiseks sega kokku kõik ürdid ja vürtsid.

5. Serveerimiseks lisa salatisse pitakrõpsud ja oad ning nirista peale kastet.

Toitumisalane teave:Kalorid 173 Süsivesikud: 8 g Rasvad: 6 g Valgud: 19 g

Ananassiga praetud riisi portsjonid: 4

Küpsetusaeg: 20 minutit

Koostis:

2 porgandit, kooritud ja riivitud

2 rohelist sibulat, viilutatud

3 spl sojakastet

1/2 tassi sinki, tükeldatud

1 spl seesamiõli

2 tassi konserveeritud/värsket ananassi, tükeldatud

1/2 tl ingveripulbrit

3 tassi pruuni riisi, keedetud

1/4 tl valget pipart

2 spl oliiviõli

1/2 tassi külmutatud herneid

2 küüslauguküünt, hakitud

1/2 tassi külmutatud maisi

1 sibul, tükeldatud

Juhised:

1. Pane kaussi 1 spl seesamiõli, 3 sl sojakastet, 2 näpuotsaga valget pipart ja 1/2 tl ingveripulbrit. Sega hästi ja jäta kõrvale.

2. Kuumuta pannil õli. Lisa küüslauk koos tükeldatud sibulaga.

Küpseta umbes 3-4 minutit, sageli segades.

3. Lisage 1/2 tassi külmutatud herneid, riivitud porgandeid ja 1/2 tassi külmutatud maisi.

Segage, kuni köögiviljad on pehmed, vaid paar minutit.

4. Segage sojakastme segu, 2 tassi kuubikuteks lõigatud ananassi, ½ tassi hakitud sinki, 3 tassi keedetud pruuni riisi ja viilutatud rohelist sibulat.

Küpseta umbes 2-3 minutit, sageli segades. Serveeri!

Toitumisalane teave:252 kalorit 12,8 g rasva 33 g süsivesikuid kokku 3 g valku

Läätsesupi portsjonid: 2

Küpsetusaeg: 30 minutit

Koostis:

2 porgandit, keskmise suurusega ja kuubikuteks lõigatud

2 spl. Sidrunimahl, värske

1 spl. Kurkumi pulber

1/3 tassi läätsed, keedetud

1 spl. Mandlid, hakitud

1 sellerivars, tükeldatud

1 hunnik peterselli, värskelt hakitud

1 kollane sibul, suur ja tükeldatud

Must pipar, värskelt jahvatatud

1 pastinaak, keskmine ja tükeldatud

½ tl. Köömne pulber

3 ½ tassi vett

½ tl. Roosa Himaalaja sool

4 lehtkapsa lehte, jämedalt hakitud

Juhised:

1. Alustuseks pane porgand, pastinaak, üks supilusikatäis vett ja sibul keskmise suurusega potti keskmisele kuumusele.

2. Küpseta köögiviljasegu 5 minutit, aeg-ajalt segades.

3. Järgmisena sega sinna hulka läätsed ja maitseained. Kombineeri hästi.

4. Pärast seda vala potti vesi ja lase segul keema tõusta.

5. Nüüd alandage kuumust ja laske sellel 20 minutit podiseda minutit.

6. Tõsta tulelt maha ja tõsta pliidilt. Lisage sellele lehtkapsas, sidrunimahl, petersell ja sool.

7. Seejärel segage korralikult, kuni kõik on koos.

8. Lisa mandlitega ja serveeri kuumalt.

<u>Toitumisalane teave:</u>Kalorid: 242 Kcal Valgud: 10 g Süsivesikud: 46 g Rasvad: 4 g

Maitsvad tuunikalasalati portsjonid: 2

Küpsetusaeg: 15 minutit

Koostis:

2 purki tuunikala vette pakitud (igaüks 5 untsi), nõrutatud ¼ tassi majoneesi

2 spl värsket basiilikut, hakitud

1 spl sidrunimahla, värskelt pressitud

2 spl tulel röstitud punast paprikat, hakitud ¼ tassi kalamatat või segatud oliive, tükeldatud

2 suurt viinapuust valminud tomatit

1 spl kapparid

2 spl punast sibulat, hakitud

Pipar ja sool maitse järgi

Juhised:

1. Lisa kõik esemed (v.a tomatid) suuresse segamisnõusse; segage koostisosi hästi, kuni need on hästi segunenud.

Viilutage tomatid kuuendikuteks ja seejärel kangutage see õrnalt lahti. Kühveldage ettevalmistatud tuunikalasalati segu keskele; serveeri kohe ja naudi.

Toitumisalane teave:kcal 405 Rasvad: 24 g Kiudained: 3,2 g Valgud: 37 g

Aioli munaga Portsjonid: 12

Küpsetusaeg: 0 minutit

Koostis:

2 munakollast

1 küüslauk, riivitud

2 spl. vesi

½ tassi ekstra neitsioliiviõli

¼ tassi sidrunimahla, värskelt pressitud, seemned eemaldatud ¼ tl. meresool

Natuke Cayenne'i pipra pulbrit

Näputäis valget pipart, maitse järgi

Juhised:

1. Valage küüslauk, munakollased, sool ja vesi segistisse; töötle ühtlaseks. Valage aeglase joana oliiviõlisse, kuni kaste emulgeerub.

2. Lisa ülejäänud koostisosad. Maitse; vajadusel kohanda maitsestamist.

Valage õhukindlasse anumasse; kasutada vastavalt vajadusele.

Toitumisalane teave:Kalorid 100 Süsivesikuid: 1 g Rasvad: 11 g Valgud: 0 g

Spagettide pasta ürdiga seenekastmega:

200 grammi (6,3 untsi) suure portsjoni paki nisust õhukest spagetti ümber *

140 grammi puhastatud tükeldatud seeni 12-15 tükki*

¼ tassi koort

3 tassi piima

2 supilusikatäit oliiviõli, lisaks veel 2 tl õli või veeldatud margariini, et lisada 1,5 supilusikatäit jahu

½ tassi tükeldatud sibulat

¼ kuni ½ tassi krõbedaks jahvatatud parmesani cheddarit

Paar tükki tumedat pipart

Soola maitse järgi

2 tl kuivatatud või uut tüümiani *

Kimp sifonki uusi basiiliku lehti

Juhised:

1. Keeda pasta veel kõvasti, nagu on näidatud kimbul.

2. Pasta keetmise ajal peaksime alustama kastme valmistamisega.

3. Soojendage 3 tassi piima mikrolaineahjus 3 minutit või pliidil kuni hautiseni.

4. Samal ajal kuumuta 2 spl õli mittenakkuvas anumas keskmisel kõrgel ja küpseta tükeldatud seened. Küpseta umbes 2

minutit.

5. Algusest peale eraldavad seened veidi vett, seejärel aurustub see pikapeale ja muutub värskeks.

6. Vähendage tulekahju keskmisele tasemele, lisage sibul ja küpseta 1 hetk.

7. Lisa kohe 2 tl pehmendatud määret ja puista peale veidi jahu.

8. Segage 20 sekundit.

9. Segage sooja piima pidevalt, et moodustada ühtlane kaste.

10. Kui kaste pakseneb, st läheb hautiseks, lülita tuli välja.

11. Lisage praegu ¼ tassi jahvatatud parmesani cheddarit. Sega ühtlaseks. 30 sekundiks.

12. Lisage kohe sool, pipar ja tüümian.

13. Andke proovile. Vajadusel muutke maitseainet.

14. Vahepeal peaks pasta mullitama veel veidi kõva.

15. Kurna soe vesi kurn. Hoidke kraan lahti ja valage keetmise peatamiseks külma vett, suunake kogu vesi ja valage see koos kastmega.

16. Kui te ei söö kohe, ärge segage pastat kastmes. Hoidke pasta eraldi, kaetud õliga ja kinnitada.

17. Serveeri soojalt, puista peale veel parmesani cheddari.

Hinda!

Pruuni riisi ja Shitake miso supp talisibulatega

Portsjonid: 4

Küpsetusaeg: 45 minutit

Koostis:

2 spl seesamiõli

1 tass õhukeselt viilutatud shiitake seenekübaraid

1 küüslauguküüs, hakitud

1 (1½-tolline) tükk värsket ingverit, kooritud ja viilutatud 1 tass keskmise teraga pruuni riisi

½ tl soola

1 spl valge miso

2 sibulat, õhukeselt viilutatud

2 supilusikatäit peeneks hakitud värsket koriandrit

Juhised:

1. Kuumuta suures potis õli keskmisel-kõrgel kuumusel.

2. Lisage seened, küüslauk ja ingver ning hautage, kuni seened hakkavad umbes 5 minutit pehmenema.

3. Pange riis ja segage, et õli oleks ühtlaselt kaetud. Lisage 2 tassi vett ja soola ning keetke.

4. Hauta 30–40 minuti jooksul. Kasutage miso pehmendamiseks veidi supipuljongit, seejärel segage see potti, kuni see on hästi segunenud.

5. Sega hulka talisibul ja koriander ning serveeri.

Toitumisalane teave:Kalorid 265 Rasvad kokku: 8 g Süsivesikud kokku: 43 g Suhkur: 2 g Kiudained: 3 g Valk: 5 g Naatrium: 456 mg

Grillitud ookeaniforell küüslaugu ja peterselli kastmega

Portsjonid: 8

Küpsetusaeg: 25 minutit

Koostis:

3,5 naela tükk forellifileed, eelistatavalt ookeaniforell, kondita, naha peal

4 küüslauguküünt, õhukeseks viilutatud

2 spl kapparit, jämedalt hakitud

½ tassi lamedate lehtedega peterselli lehti, värskeid

1 punane tšilli, eelistatavalt pikk; õhukeselt viilutatud 2 spl sidrunimahla, värskelt pressitud ½ tassi oliiviõli

Serveerimiseks sidruniviilud

Juhised:

1. Pintselda forelli umbes 2 spl õliga; veenduge, et kõik küljed oleksid kenasti kaetud. Eelsoojendage oma grill kõrgel kuumusel, eelistatavalt suletud kapuutsiga. Vähendage kuumust keskmisele tasemele; asetage kaetud forell grillplaadile, eelistatavalt naha küljele. Küpseta, kuni see on

osaliselt keedetud ja kuldpruuniks, paar minutit. Pöörake forelli ettevaatlikult; küpseta suletud kaanega 12–15 minutit kuni valmimiseni. Tõsta filee suurele serveerimisvaagnale.

2. Vahepeal kuumuta õlijäägid; küüslauk madalal kuumusel väikeses kastrulis, kuni see on lihtsalt läbi kuumutatud; küüslauk hakkab oma värvi muutma. Eemaldage, seejärel segage kapparid, sidrunimahl, tšilli.

Nirista forellile ettevalmistatud kastmega ja puista peale värskeid petersellilehti. Serveeri kohe värskete sidruniviiludega, naudi.

Toitumisalane teave:kcal 170 Rasvad: 30 g Kiudained: 2 g Valgud: 37 g

Karri lillkapsa ja kikerherne ümbriste koostis:

1 värske ingver

2 küüslauguküünt

1 purk kikerherneid

1 Punane sibul

8 untsi lillkapsa Florets

1 tl Garam Masala

2 supilusikatäit Arrowroot tärklis

1 sidrun

1 pakk Cilantro Fresh

1/4 tassi veganjogurtit

4 ümbrist

3 supilusikatäit hakitud kookospähklit

4 untsi beebispinatit

1 supilusikatäis taimeõli

1 tl soola ja pipart maitse järgi

Juhised:

1. Eelsoojendage pliit temperatuurini 400 °F (205 °C). Riba ja haki 1 tl ingverit. Haki küüslauk. Kanali ja pese kikerherned. Riba ja tükelda kergelt punane sibul. Tükelda sidrun.

2. Määri kuumutusplaat 1 spl taimeõliga. Segage tohutus kausis hakitud ingver, küüslauk, suurest osast sidrunist saadud mahl, kikerherned, tükeldatud punane sibul, lillkapsa õisikud, garam masala, noolejuurtärklis ja 1/2 tl soola. Liigutage ettevalmistusplaadile ja sööge broilerisse, kuni lillkapsas on õrn ja kohati hautatud, umbes 20–25 minutit.

3. Lõika koriandri lehed ja õrnad varred. Sega väikeses kausis kokku koriander, jogurt, 1 spl sidrunimahla ning veidi soola ja pipart.

4. Asetage ümbrised fooliumiga ja tõstke need ahju umbes 3–4 minutiks soojenema.

5. Asetage veidi mittekleepuvat panni keskmisel kuumusel ja lisage hävitatud kookospähkel. Rösti, roogi regulaarselt raputades, kuni see on õrnalt küpsetatud, umbes 2–3 minutit.

6. Jätke imiku spinat ja keedetud köögiviljad sooja mähise vahele. Laota lillkapsa kikerhernemähised tohututele taldrikutele ja puista üle koriandrikastmega. Puista üle röstitud kookospähkliga

Tatra-nuudlisupi portsjonid: 4

Küpsetusaeg: 25 minutit

Koostis:

2 tassi Bok Choy, tükeldatud

3 spl. Tamari

3 kimpu tatranuudleid

2 tassi Edamame ube

7 untsi Shiitake seened, tükeldatud

4 tassi vett

1 tl. Ingver, riivitud

Natuke soola

1 küüslauguküüs, riivitud

Juhised:

1. Esmalt asetage vesi, ingver, sojakaste ja küüslauk keskmise suurusega potti keskmisele kuumusele.

2. Kuumuta ingveri-sojakastme segu keemiseni ning sega siis edamame ja shiitake hulka.

3. Jätkake küpsetamist veel 7 minutit või kuni see on pehme.

4. Järgmisena küpseta soba-nuudlid, järgides pakendis toodud juhiseid, kuni need on keedetud. Pese ja nõruta hästi.

5. Nüüd lisage bok choy shiitake segule ja küpseta veel üks minut või kuni bok choy on närbunud.

6. Viimasena jaga soba-nuudlid serveerimiskausside vahel ja vala seeneseguga.

<u>Toitumisalane teave:</u>Kalorid: 234 Kcal Valgud: 14,2 g Süsivesikud: 35,1 g Rasvad: 4 g

Lihtsad lõhesalati portsjonid: 1

Küpsetusaeg: 0 minutit

Koostis:

1 tass orgaanilist rukolat

1 purk loodusest püütud lõhet

½ avokaadot, viilutatud

1 supilusikatäis oliiviõli

1 tl Dijoni sinepit

1 tl meresoola

Juhised:

1. Alusta kastme valmistamiseks oliiviõli, Dijoni sinepi ja meresoola segamisega kausis. Kõrvale panema.

2. Koosta salat, mille põhjaks on rukola, ning tõsta peale lõhe ja viilutatud avokaado.

3. Nirista kastmega üle.

Toitumisalane teave:Süsivesikud kokku 7 g Kiudained: 5 g Valgud: 48 g Rasvad kokku: 37 g Kalorid: 553

Köögiviljasuppi portsjonid: 4

Küpsetusaeg: 40 minutit

Koostis:

1 spl. Kookosõli

2 tassi lehtkapsast, tükeldatud

2 sellerivart, tükeldatud

½ 15 untsist. purk valgeid ube, nõrutatud ja loputatud 1 sibul, suur ja tükeldatud

¼ tl. Must pipar

1 porgand, keskmine ja kuubikuteks lõigatud

2 tassi lillkapsast, lõigatud õisikuteks

1 tl. Kurkum, jahvatatud

1 tl. Meresool

3 küüslauguküünt, hakitud

6 tassi köögiviljapuljongit

Juhised:

1. Alustuseks kuumuta suures potis keskmisel-madalal kuumusel õli.

2. Segage sibul potti ja hautage seda 5 minutit või kuni see on pehmenenud.

3. Pange porgand ja seller potti ja jätkake küpsetamist veel 4 minutit või kuni köögiviljad on pehmenenud.

4. Nüüd lisage segule lusikaga kurkum, küüslauk ja ingver. Sega põhjalikult.

5. Küpseta köögiviljasegu 1 minut või kuni see lõhnab.

6. Seejärel vala köögiviljapuljong koos soola ja pipraga ning lase segul keema tõusta.

7. Kui see hakkab keema, lisa lillkapsas. Alanda kuumust ja hauta köögiviljasegu 13–15 minutit või kuni lillkapsas on pehmenenud.

8. Lõpuks lisa oad ja lehtkapsas – küpseta 2 minuti jooksul.

9. Serveeri kuumalt.

Toitumisalane teave:Kalorid 192 Kcal Valgud: 12,6 g Süsivesikud: 24,6 g Rasvad: 6,4 g

Sidruni küüslaugu krevettide portsjonid: 4

Küpsetusaeg: 15 minutit

Koostis:

1 ja ¼ naela krevette, keedetud või aurutatud

3 supilusikatäit küüslauku, hakitud

¼ tassi sidrunimahla

2 spl oliiviõli

¼ tassi peterselli

Juhised:

1. Võtke väike pann ja asetage see keskmisele kuumusele, lisage küüslauk ja õli ning küpseta segades 1 minut.

2. Lisa petersell, sidrunimahl ning maitsesta vastavalt soola ja pipraga.

3. Lisa krevetid suurde kaussi ja tõsta pannilt saadud segu krevettide peale.

4. Jahuta ja serveeri.

Toitumisalane teave:Kalorid: 130 Rasvad: 3 g Süsivesikud: 2 g Valgud: 22 g

Blt kevadrullide koostisosad:

uus salat, rebitud tükid või tükeldatud

avokaado jaotustükid, valikulised

SEESAMI-SOJA DIPIKASTE

1/4 tassi sojakastet

1/4 tassi külma vett

1 supilusikatäis majoneesi (valikuline, see muudab joogi sametiseks)

1 tl uut laimimahla

1 tl seesamiõli

1 tl sriracha kastet või mis tahes kuuma kastet (valikuline)Juhised:

1. keskmine tomat (seemnetega ja lõigatud 1/4 tolli paksuseks) 2. tükid peekon, keedetud

3. uus basiilik, piparmünt või erinevad maitsetaimed

4. riisipaber

Rinnatükk sinihallitusjuustuga, portsjonid: 6

Küpsetusaeg: 8 tundi. 10 minutit

Koostis:

1 tass vett

1/2 spl küüslaugupastat

1/4 tassi sojakastet

1 ½ naela soolatud veise rinnatükk

1/3 tl jahvatatud koriandrit

1/4 tl nelki, jahvatatud

1 spl oliiviõli

1 šalottsibul, hakitud

2 untsi sinihallitusjuust, murendatud

Toiduvalmistamise pihusti

Juhised:

1. Asetage pann mõõdukale kuumusele ja lisage õli.

2. Viska sisse šalottsibul ja sega ning küpseta 5 minutit.

3. Sega juurde küüslaugupasta ja küpseta 1 minut.

4. Viige see aeglasele pliidile, mis on määritud küpsetuspihustiga.

5. Asetage rinnatükk samale pannile ja prae mõlemalt poolt kuldseks.

6. Tõsta veiseliha koos teiste koostisosadega, välja arvatud juust, aeglasesse pliiti.

7. Pange kaas peale ja küpseta 8 tundi. madalal kuumusel.

8. Kaunista juustuga ja serveeri.

Toitumisalane teave:Kaloreid 397, valku 23,5 g, rasvu 31,4 g, süsivesikuid 3,9 g, kiudaineid 0 g

Cold Soba Miso kastme koostisainetega:

6 untsi tatra Soba nuudlid

1/2 tassi hävitatud porgandeid

1 tass tahkestatud koorega edamame, sulatatud 2 Pärsia kurki, tükeldatud

1 tass purustatud koriandrit

1/4 tassi seesamiseemneid

2 spl tumedaid seesamiseemneid

Valge Miso kaste (toob 2 tassi)

2/3 tassi valget miso liimi

2 keskmise suurusega sidruni mahl

4 spl riisiäädikat

4 spl täiendavat neitsioliiviõli

4 spl pressitud apelsini

2 spl uut jahvatatud ingverit

2 spl vahtrasiirupit

Juhised:

1. Küpseta soba-nuudleid vastavalt komplektis toodud juhistele (pöörake tähelepanu sellele, et neid ei tohi üle küpsetada, vastasel juhul muutuvad need kleepuvaks ja jäävad kokku). Kanalige hästi ja viige tohutusse kaussi. 2. Lisage hävitatud porgandid, edamame, kurk, koriander ja seesamiseemned

3. Sideme paigaldamiseks ühendage kõik kinnitused segistisse. Sega ühtlaseks

4. Valage nuudlitele soovitud kogus kastet (kasutasime umbes poolteist tassi)

Küpsetatud pühvli lillkapsa tükid Portsjonid: 2

Küpsetusaeg: 35 minutit

Koostis:

¼ tassi vett

¼ tassi banaanijahu

Näputäis soola ja pipart

1 tk keskmist lillkapsast, lõigatud suupärasteks tükkideks ½ tassi kuuma kastet

2 spl.s võid, sulatatud

Sinihallitusjuustu või rantšo kaste (valikuline)

Juhised:

1. Kuumuta ahi temperatuurini 425 °F. Vahepeal vooderda ahjupann fooliumiga.

2. Sega suures segamiskausis vesi, jahu ning näputäis soola ja pipart.

3. Segage hästi, kuni see on põhjalikult segunenud.

4. Lisa lillkapsas; viska põhjalikult katteks.

5. Tõsta segu ahjupannile. Küpseta 15 minutit, korra ümber pöörates.

6. Küpsetamise ajal sega väikeses kausis kuum kaste ja või.

7. Vala kaste küpsetatud lillkapsale.

8. Pange küpsetatud lillkapsas tagasi ahju ja küpsetage veel 20 minutit.

9. Serveeri soovi korral kohe rantšo kastmega.

Toitumisalane teave:Kalorid: 168 kcal Rasvad: 5,6 g Valgud: 8,4 g
Süsivesikud: 23,8 g Kiudained: 2,8 g

Küüslaugukana küpsetus basiiliku ja tomatitega Portsjonid: 4

Küpsetusaeg: 30 minutit

Koostis:

½ keskmist kollast sibulat

2 spl Oliiviõli

3 hakitud küüslauguküünt

1 tass basiilikut (lõdvalt lõigatud)

1,5 kg kondita kanarind

14,5 untsi itaalia hakitud tomatid

Sool pipar

4 keskmist suvikõrvitsat (spiraliseeritud nuudliteks) 1 spl purustatud punast pipart

2 spl Oliiviõli

Juhised:

1. Kiireks küpsetamiseks tambi kanatükid panniga. Puista kanatükkidele soola, pipart ja õli ning marineeri kana mõlemad pooled võrdselt.

2. Prae kanatükke suurel kuumal pannil 2-3 minutit mõlemalt poolt.

3. Prae samal pannil sibulat pruuniks. Lisage sinna tomatid, basiilikulehed ja küüslauk.

4. Hauta 3 minutit ja lisa pannile kõik vürtsid ja kana.

5. Serveeri see taldrikul koos maitsekate zoodlitega.

Toitumisalane teave:Kalorid 44 Süsivesikud: 7 g Rasvad: 0 g Valgud: 2 g

Kreemjas kurkumi-lillkapsasupi portsjonid: 4

Küpsetusaeg: 15 minutit

Koostis:

2 spl ekstra neitsioliiviõli

1 porrulauk, ainult valge osa, õhukesteks viiludeks

3 tassi lillkapsa õisikuid

1 küüslauguküüs, kooritud

1 (1¼-tolline) tükk värsket ingverit, kooritud ja viilutatud 1½ tl kurkumit

½ tl soola

¼ tl värskelt jahvatatud musta pipart

¼ tl jahvatatud köömneid

3 tassi köögiviljapuljongit

1 tass täisrasvast: kookospiim

¼ tassi peeneks hakitud värsket koriandrit

Juhised:

1. Kuumuta õli suures potis kõrgel kuumusel.

2. Pruunista porru 3–4 minuti jooksul.

3. Pange lillkapsas, küüslauk, ingver, kurkum, sool, pipar ja köömned ning hautage 1–2 minutit.

4. Valage puljong ja keetke.

5. Hauta 5 minuti jooksul.

6. Püreesta supp mikseriga ühtlaseks massiks.

7. Sega juurde kookospiim ja koriander, kuumuta läbi ja serveeri.

Toitumisalane teave:Kalorid 264 Rasvad kokku: 23 g Süsivesikud kokku: 12 g Suhkur: 5 g Kiudained: 4 g Valk: 7 g Naatrium: 900 mg

Seene, lehtkapsas ja maguskartulipruun riis

Portsjonid: 4

Küpsetusaeg: 50 minutit

Koostis:

¼ tassi ekstra neitsioliiviõli

4 tassi jämedalt hakitud lehtkapsa lehti

2 porrulauku, ainult valged osad, õhukesteks viiludeks

1 tass viilutatud seeni

2 küüslauguküünt, hakitud

2 tassi kooritud maguskartulit lõigatud ½-tollisteks kuubikuteks 1 tass pruuni riisi

2 tassi köögiviljapuljongit

1 tl soola

¼ tl värskelt jahvatatud musta pipart

¼ tassi värskelt pressitud sidrunimahla

2 supilusikatäit peeneks hakitud värsket lamedate lehtedega peterselliJuhised:

1. Kuumuta õli kõrgel kuumusel.

2. Lisa lehtkapsas, porrulauk, seened ja küüslauk ning prae pehmeks, umbes 5 minutit.

3. Lisa bataat ja riis ning prae umbes 3 minutit.

4. Lisa puljong, sool ja pipar ning keeda. Hauta 30–40 kraadi

minutit.

5. Sega hulka sidrunimahl ja petersell ning serveeri.

Toitumisalane teave:Kalorid 425 Rasvad: 15 g Süsivesikuid kokku: 65 g Suhkur: 6 g Kiudained: 6 g Valgud: 11 g Naatrium: 1045 mg

Küpsetatud tilapia retsept pekanipähkli rosmariiniga

Portsjonid: 4

Küpsetusaeg: 20 minutit

Koostis:

4 tilapia fileed (igaüks 4 untsi)

½ tl pruuni suhkrut või kookospalmisuhkrut 2 tl värsket rosmariini, hakitud

1/3 tassi toorest pekanipähklit, hakitud

Näputäis cayenne'i pipart

1 ½ tl oliiviõli

1 suur munavalge

1/8 tl soola

1/3 tassi panko riivsaia, eelistatavalt täistera<u>Juhised:</u>

1. Kuumuta ahi temperatuurini 350 F.

2. Sega pekanipähklid väikeses ahjuvormis riivsaia, kookospalmisuhkru, rosmariini, Cayenne'i pipra ja soolaga. Lisa oliiviõli; viskama.

3. Küpseta 7–8 minuti jooksul, kuni segu muutub helekuldpruuniks.

4. Reguleerige kuumus 400 F-ni ja katke suur klaasist küpsetusnõu küpsetuspritsiga.

5. Vahusta madalas vormis munavalge. Töö partiidena; kasta kala (üks tilapia korraga) munavalgesse ja seejärel kata kergelt pekanipähklisegusse. Pane kaetud fileed ahjuvormi.

6. Suru järelejäänud pekanipähkli segu tilapiafileedele.

7. Küpseta 8–10 minuti jooksul. Serveeri kohe ja naudi.

Toitumisalane teave:kcal 222 Rasvad: 10 g Kiudained: 2 g Valgud: 27 g

Musta oa tortilla wrapi portsjonid: 2

Küpsetusaeg: 0 minutit

Koostis:

¼ tassi maisi

1 peotäis värsket basiilikut

½ tassi rukolat

1 supilusikatäis toitainepärmi

¼ tassi konserveeritud musti ube

1 virsik, viilutatud

1 tl laimimahla

2 gluteenivaba tortillat

Juhised:

1. Jaga oad, mais, rukola ja virsikud kahe tortilla vahel.

2. Lisa igale tortillale pool värsket basiilikut ja laimimahlaToitumisalane teave:Süsivesikud kokku 44 g Kiudained: 7 g Valgud: 8 g Rasvad kokku: 1 g Kaloreid: 203

Valge oa kana talviste roheliste köögiviljadega

Portsjonid: 8

Küpsetusaeg: 45 minutit

Koostis:

4 küüslauguküünt

1 spl Oliiviõli

3 keskmist pastinaaki

1kg Väikesed kanakuubikud

1 tl köömne pulbrit

2 leket ja 1 roheline osa

2 porgandit (kuubikuteks lõigatud)

1 ¼ valged oad (üleöö leotatud)

½ tl kuivatatud oreganot

2 teelusikatäit koššersoola

Koriandri lehed

1 1/2 spl jahvatatud anchotšillit

Juhised:

1. Küpseta küüslauku, porrulauku, kana ja oliiviõli suures potis keskmisel tulel 5 minutit.

2. Nüüd lisa porgand ja pastinaak ning pärast 2-minutilist segamist lisa kõik maitseained.

3. Sega, kuni sellest hakkab lõhna tulema.

4. Nüüd lisa potti oad ja 5 tassi vett.

5. Lase keema tõusta ja vähenda leeki.

6. Laske sellel peaaegu 30 minutit podiseda ning kaunistage peterselli ja koriandri lehtedega.

Toitumisalane teave:Kalorid 263 Süsivesikud: 24 g Rasvad: 7 g Valgud: 26 g

Maitsetaimedega küpsetatud lõhe portsjonid: 2

Küpsetusaeg: 15 minutit

Koostis:

10 untsi. Lõhefilee

1 tl. Oliiviõli

1 tl. Kallis

1 tl. Estragon, värske

1/8 tl. soola

2 tl. Dijoni sinep

¼ tl. Tüümian, kuivatatud

¼ tl. Oregano, kuivatatud

Juhised:

1. Kuumuta ahi temperatuurini 425 ° F.

2. Pärast seda ühenda keskmise suurusega kausis kõik koostisosad, välja arvatud lõhe.

3. Nüüd tõsta see segu lusikaga ühtlaselt lõhele.

4. Seejärel aseta lõhe nahaga allapoole küpsetuspaberiga kaetud ahjuplaadile.

5. Lõpuks küpseta 8 minutit või kuni kala helbed.

Toitumisalane teave:Kalorid: 239 Kcal Valgud: 31 g Süsivesikud: 3 g Rasvad: 11 g

Kreeka jogurti-kanasalat

Koostis:

Tükeldatud kana

Roheline õun

punane sibul

Seller

Kuivatatud jõhvikad

Juhised:

1. Kreeka jogurtiga kana serveering segatud rohelistest on selline erakordne õhtusöögi ettevalmistav lõunasöök. Võite panna selle käsitöönduslikku tõuklema ja süüa ainult seda või pakkida selle supervalmistuskambrisse, kus on rohkem köögivilju, krõpse ja muud. Siin on mõned serveerimissoovitused.

2. Natuke röstsaia peal

3. Tortillas salatiga

4. Laastude või soolaga

5. Natuke jääsalatis (madala süsivesikusisaldusega valik!)

Purustatud kikerhernesalat

Koostis:

1 avokaado

1/2 krõbedat sidrunit

1 purk kikerherneid tühjaks (19 untsi)

1/4 tassi tükeldatud punast sibulat

2 tassi viinamarjatomateid tükeldatud

2 tassi kuubikuteks lõigatud kurki

1/2 tassi karget peterselli

3/4 tassi tükeldatud rohelist paprikat

Riietumine

1/4 tassi oliiviõli

2 spl punase veini äädikat

1/2 tl köömneid

sool ja pipar

Juhised:

1. Lõika avokaado 3D-ruutudeks ja aseta kaussi. Vajutage 1/2 sidruni mahl avokaadole ja segage õrnalt, et tihendada.

2. Kaasake ülejäänud portsjon segatud rohelistest koostisosadest ja visake õrnalt, et liituda.

3. Hoia igal juhul üks tund enne serveerimist külmkapis.

Valencia salatiportsjonid: 10

Küpsetusaeg: 0 minutit

Koostis:

1 tl. Kalamata oliivid õlis, kivideta, kergelt nõrutatud, poolitatud, julieneeritud

1 pea, väike Rooma salat, loputatud, tsentrifuugimisel kuivatatud, hammustusesuurusteks tükkideks lõigatud

½ tükki, väike šalottsibul, julieneeritud

1 tl. Dijoni sinep

½ väikest satsumat või mandariini, ainult viljaliha

1 tl. valge veini äädikas

1 tl. ekstra neitsioliiviõli

1 näputäis värsket tüümiani, hakitud

Näputäis meresoola

Näputäis musta pipart, maitse järgi

Juhised:

1. Kui kasutate, segage äädikas, õli, värske tüümian, sool, sinep, must pipar ja mesi. Vahusta korralikult, kuni kaste on veidi emulgeerunud.

2. Viska ülejäänud salati koostisosad salatikaussi kokku.

3. Serveerimisel nirista peale kaste. Serveeri kohe 1 viiluga, kui suhkruvaba juuretisega leib või soolane.

Toitumisalane teave:Kalorid 238 Süsivesikud: 23 g Rasvad: 15 g Valgud: 8 g

"Söö oma rohelisi" supiportsjonid: 4

Küpsetusaeg: 20 minutit

Koostis:

¼ tassi ekstra neitsioliiviõli

2 porrulauku, ainult valged osad, õhukesteks viiludeks

1 apteegitilli sibul, lõigatud ja õhukesteks viiludeks

1 küüslauguküüs, kooritud

1 hunnik sveitsi mangold, jämedalt hakitud

4 tassi jämedalt hakitud lehtkapsast

4 tassi jämedalt hakitud sinepirohelist

3 tassi köögiviljapuljongit

2 spl õunasiidri äädikat

1 tl soola

¼ tl värskelt jahvatatud musta pipart

¼ tassi hakitud india pähkleid (valikuline)

Juhised:

1. Kuumuta õli suures potis kõrgel kuumusel.

2. Lisa porrulauk, apteegitill ja küüslauk ning pruunista, kuni need on pehmenenud, umbes 5 minutit.

3. Lisage mangold, lehtkapsas ja sinepiroheline ning hautage, kuni rohelised närbuvad (2–3 minutit).

4. Pane puljong ja keeda.

5. Hauta 5 minuti jooksul.

6. Segage äädikas, sool, pipar ja india pähklid (kui kasutate).

7. Püreesta supp saumikseriga ühtlaseks massiks ja serveeri.

Toitumisalane teave:Kalorid 238 Rasvad kokku: 14 g Süsivesikud kokku: 22 g Suhkur: 4 g Kiudained: 6 g Valk: 9 g Naatrium: 1294 mg

Miso lõhe ja roheliste ubade portsjonid: 4

Küpsetusaeg: 25 minutit

Koostis:

1 spl seesamiõli

1-naelsed rohelised oad, kärbitud

1-kilone nahaga lõhefileed, lõigatud 4 pihvi ¼ tassi valget misot

2 tl gluteenivaba tamari- või sojakastet 2 talisibulat, õhukeselt viilutatud

Juhised:

1. Kuumuta ahi temperatuurini 400 °F. Määri küpsetusplaat õliga.

2. Pane roheliste ubade peale rohelised oad, seejärel lõhe ja pintselda iga tükk misoga.

3. Rösti 20–25 minuti jooksul.

4. Nirista peale tamari, puista peale talisibul ja serveeri.

Toitumisalane teave:Kalorid 213 Rasvad kokku: 7 g Süsivesikud kokku: 13 g Suhkur: 3 g Kiudained: 5 g Valk: 27 g Naatrium: 989 mg

Porru-, kana- ja spinatisuppi portsjonid: 4

Küpsetusaeg: 15 minutit

Koostis:

3 supilusikatäit soolata võid

2 porrulauku, ainult valged osad, õhukesteks viiludeks

4 tassi beebispinatit

4 tassi kanapuljongit

1 tl soola

¼ tl värskelt jahvatatud musta pipart

2 tassi hakitud keedukana

1 spl õhukeseks viilutatud värsket murulauku

2 tl riivitud või hakitud sidrunikoort

Juhised:

1. Lahusta või suures potis kõrgel kuumusel.

2. Lisa porrulauk ja prae, kuni see on pehmenenud ja hakkab pruunistuma, 3

kuni 5 minutit.

3. Lisa spinat, puljong, sool ja pipar ning keeda.

4. Hauta 1–2 minuti jooksul.

5. Pange kana ja küpseta 1–2 minuti jooksul.

6. Puista peale murulauk ja sidrunikoor ning serveeri.

Toitumisalane teave:Kalorid 256 Rasvad kokku: 12 g Süsivesikud kokku: 9 g Suhkur: 3 g Kiudained: 2 g Valk: 27 g Naatrium: 1483 mg

Tume šokolaadi pommide portsjonid: 24

Küpsetusaeg: 5 minutit

Koostis:

1 tass rasket koort

1 tass pehmendatud toorjuustu

1 tl vaniljeessentsi

1/2 tassi tumedat šokolaadi

2 untsi Stevia

Juhised:

1. Sulata šokolaad kausis mikrolaineahjus kuumutades.

2. Vahusta ülejäänud ained mikseris kohevaks, seejärel sega hulka šokolaadisula.

3. Sega korralikult läbi, seejärel jaota segu muffinitopsidega vooderdatud muffiniplaadile.

4. Aseta 3 tunniks külmkappi.

5. Serveeri.

Toitumisalane teave:Kalorid 97 Rasvad 5 g, Süsivesikud 1 g, Valk 1 g, Kiudained 0 g

Itaalia täidisega paprika portsjonid: 6

Küpsetusaeg: 40 minutit

Koostis:

1 tl küüslaugupulbrit

1/2 tassi mozzarellat, tükeldatud

1 nael tailiha jahvatatud liha

1/2 tassi parmesani juustu

3 paprikat, lõigatud pikuti pooleks, eemaldatud varred, seemned ja ribid

1 (10 untsi) pakend külmutatud spinatit

2 tassi marinara kastet

1/2 teelusikatäit soola

1 tl Itaalia maitseainet

Juhised:

1. Katke fooliumiga vooderdatud küpsetusplaat mittenakkuva pihustiga. Aseta paprikad ahjupannile.

2. Lisa kalkun mittenakkuvale pannile ja küpseta keskmisel kuumusel, kuni see ei ole enam roosa.

3. Kui see on peaaegu valmis, lisa 2 tassi marinara kastet ja maitseaineid – küpseta umbes 8-10 minutit.

4. Lisa spinat koos 1/2 tassi parmesani juustuga. Segage, kuni see on hästi segunenud.

5. Lisage igale paprikale pool tassi lihasegu ja jagage juust kõigi vahel – eelsoojendage ahi temperatuurini 450 F.

6. Küpseta paprikat umbes 25-30 minutit. Jahuta ja serveeri.

Toitumisalane teave:150 kalorit 2 g rasva 11 g süsivesikuid kokku 20 g valku

Salati sisse pakitud suitsuforell portsjonid: 4

Küpsetusaeg: 45 minutit

Koostis:

¼ tassi soolaga röstitud kartuleid

1 tass viinamarja tomateid

½ tassi basiiliku lehti

16 väikest ja keskmise suurusega salatilehte

1/3 tassi Aasia magusat tšillit

2 porgandit

1/3 tassi šalottsibulat (õhukeseks viilutatud)

¼ tassi õhukest viilu jalapenosid

1 spl Suhkur

2–4,5 untsi nahata suitsuforell

2 spl värsket laimimahla

1 kurk

Juhised:

1. Lõika porgand ja kurk õhukesteks ribadeks.

2. Marineerige neid köögivilju 20 minutit suhkru, kalakastme, laimimahla, šalottsibula ja jalapenoga.

3. Lisa sellesse köögiviljasegusse forellitükid ja muud ürdid ning blenderda.

4. Kurna köögiviljade ja forelli segust vesi ja viska uuesti segunema.

5. Aseta taldrikule salatilehed ja tõsta neile forellisalat.

6. Kaunista see salat maapähklite ja tšillikastmega.

Toitumisalane teave:Kalorid 180 Süsivesikud: 0 g Rasvad: 12 g Valgud: 18 g

Devilled-munasalati koostisosad:

12 tohutut muna

1/4 tassi tükeldatud rohelist sibulat

1/2 tassi tükeldatud sellerit

1/2 tassi tükeldatud punast paprikat

2 supilusikatäit Dijoni sinepit

1/3 tassi majoneesi

1 spl mahla, valget veini või šerri äädikat 1/4 tl Tabascot või muud ägedat kastet (päris palju maitse järgi) 1/2 tl paprikat (päris palju maitse järgi) 1/2 tl tumedat pipart (päris palju maitse järgi) 1/4 teelusikatäis soola (maitse järgi rohkem)

Juhised:

1. Munade kõva kuumutamine. Lihtsaim meetod kõvade mullitavate munade valmistamiseks, mida on kõike muud kui raske lahti võtta, on nende aurutamine.

Täitke pann 1-tollise veega ja lisage aurutibuššel. (Juhul, et teil pole aurutit, on see kõik korras.) 2. Kuumutage vesi keemiseni, asetage munad õrnalt aurutisse või otse pannile. Aja pott laiali. Seadke kell 15 minutiks. Evakueerige munad ja asetage külma viirusvette jahtuma.

3. Valmistage ette munad ja köögiviljad: tükeldage munad jämedalt ja pange need suurde kaussi. Lisage roheline sibul, seller ja punane paprika.

4. Valmistage taldrik roheliste segudest: segage väikeses kausis majoneesi, sinep, äädikas ja tabasco. Sega majonekaste õrnalt kausis munade ja köögiviljadega. Lisage paprika ja sool ja tume pipar. Vaheta maitseaineid oma maitse järgi.

Seesami-tamari küpsetatud kana roheliste ubadega

Portsjonid: 4

Küpsetusaeg: 45 minutit

Koostis:

1-naelsed rohelised oad, kärbitud

4 kondiga, nahaga kanarinda

2 supilusikatäit mett

1 spl seesamiõli

1 spl gluteenivaba tamari- või sojakastet 1 kl kana- või köögiviljapuljongit

Juhised:

1. Kuumuta ahi temperatuurini 400 °F.

2. Laota rohelised oad suurele äärega ahjuplaadile.

3. Pane kana, nahk üleval, ubade peale.

4. Nirista peale mett, õli ja tamari. Lisa puljong.

5. Rösti 35–40 minuti jooksul. Eemaldage, laske 5 minutit puhata ja serveerige.

Toitumisalane teave:Kalorid 378 Rasvad kokku: 10 g Süsivesikud kokku: 19 g Suhkur: 10 g Kiudained: 4 g Valk: 54 g Naatrium: 336 mg

Ingveri kanahautise portsjonid: 6

Küpsetusaeg: 20 minutit

Koostis:

¼ tassi kana reiefilee, kuubikuteks

¼ tassi keedetud munanuudleid

1 küps papaia, kooritud, kuubikuteks lõigatud

1 tass madala naatriumisisaldusega madala rasvasisaldusega kanapuljongit

1 medaljon ingver, kooritud, purustatud

näputäis sibulapulbrit

puista küüslaugupulbrit, soovi korral lisa veel

1 tass vett

1 tl. kalakaste

näpuotsaga valget pipart

1-osaline, väikese linnu silmaga tšilli, hakkliha

Juhised:

1. Pange kogu kinnitus suurde hollandi ahju kõrgele kuumusele. Keeda.

Keera kuumus madalaimale seadistusele. Pane kaas peale.

2. Laske hautisel küpseda 20 minutit või kuni papaia on kahvli pehme.

Lülitage kuumus välja. Tarbi niisama või koos ½ tassi keedetud riisiga. Serveeri soojalt.

Toitumisalane teave:Kalorid 273 Süsivesikud: 15 g Rasvad: 9 g Valgud: 33 g

Kreemja Garbano salati koostisosad:

Taldrik segatud rohelised

2 14 untsi purki Kikerherned

3/4 tassi porgandišeikerid

3/4 tassi selleri väikesed šeikerid

3/4 tassi paprika Väikesed šeikerid

1 Scallion häkitud

1/4 tassi punase sibula väikesed šeikerid

1/2 suurt avokaadot

6 untsi pehmet tofut

1 spl õunasiidri äädikat

1 spl sidrunimahla

1 spl Dijoni sinepit

1 spl magusat maitset

1/4 tl suitsutatud paprikat

1/4 tl selleriseemneid

1/4 tl musta pipart

1/4 tl sinepipulbrit

Ookeanisool maitse järgi

Sandwich Fix'ns

Kasvatatud täisteraleib

Tükelda Roma tomatid

Määri salatit

Juhised:

1. Valmistuge ja tükeldage porgandid, seller, paprika, punane sibul ja talisibul ning asetage need väikesesse segamisnõusse. Asetage ohutusse kohta.

2. Segage avokaado, tofu, õunamahlaäädikas, sidrunimahl ja sinep väikese sukelmikseri või toitmismasina abil ühtlaseks massiks.

3. Kurnake ja peske garbanzosid ning asetage need keskmisesse segamisnõusse. Kartulipuru või kahvliga suruge ube seni, kuni suurem osa on eraldatud ja see hakkab võtma pärast segatud rohelisi taldrikuid. Te ei pea seda olema sile, kuid viimistletud ja toekas. Maitsesta oad täpikese soola ja pipraga.

4. Lisage tükeldatud köögiviljad, avokaado-tofu kreem ja ülejäänud maitseained ning maitsestage ja segage hästi. Maitske ja muutke vastavalt teie kalduvusele.

Porgandnuudlid ingveri-laimi maapähklikastmega

Koostis:

Porgandpasta jaoks:

5 tohutut porgandit, kooritud ja lõigatud või õhukesteks ribadeks keerutatud 1/3 tassi (50 g) keedetud india pähkleid

2 spl uut koriandrit, peeneks hakitud

Ingveri-maapähklikastme jaoks:

2 supilusikatäit pähklirikast määret

4 spl tavalist kookospiima

Pigista peale cayenne'i pipart

2 suurt küüslauguküünt, peeneks hakitud

1 spl uut ingverit, kooritud ja jahvatatud 1 spl laimimahla

Sool, maitse järgi

Juhised:

1. Ühendage kõik kastme koostisosad väikeses kausis ja segage ühtlaseks ja rikkaks ning asetage porgandite juliennimise/spiraliseerimise ajaks kindlasse kohta.

2. Tõsta porgandid ja kaste õrnalt suuresse serveerimisnõusse, kuni need on ühtlaselt kaetud. Kõige peale pange praetud india pähklid (või maapähklid) ja äsja hakitud koriandrit.

Röstitud köögiviljad maguskartuli ja valgete ubadega

Portsjonid: 4

Küpsetusaeg: 25 minutit

Koostis:

2 väikest maguskartulit, kuubikud

½ punast sibulat, lõigatud ¼-tollisteks kuubikuteks

1 keskmine porgand, kooritud ja õhukesteks viiludeks

4 untsi kärbitud rohelisi ube

¼ tassi ekstra neitsioliiviõli

1 tl soola

¼ tl värskelt jahvatatud musta pipart

1 (15½ untsi) purk valgeid ube, nõrutatud ja loputatud 1 spl hakitud või riivitud sidrunikoort

1 spl hakitud värsket tilli

Juhised:

1. Kuumuta ahi temperatuurini 400 °F.

2. Kombineerige bataat, sibul, porgand, rohelised oad, õli, sool ja pipar suurel servaga küpsetusplaadil ning segage hästi. Laota ühe kihina.

3. Rösti, kuni köögiviljad on pehmed, 20–25 minutit.

4. Lisage valged oad, sidrunikoor ja till, segage hästi ja serveerige.

Toitumisalane teave:Kalorid 315 Rasvad kokku: 13 g Süsivesikud kokku: 42 g Suhkur: 5 g Kiudained: 13 g Valgud: 10 g Naatrium: 632 mg

Kapsasalati portsjonid: 1

Küpsetusaeg: 0 minutit

Koostis:

1 tass värsket lehtkapsast

½ tassi mustikaid

½ tassi kivideta kirsse poolitatud

¼ tassi kuivatatud jõhvikaid

1 supilusikatäis seesamiseemneid

2 supilusikatäit oliiviõli

1 sidruni mahl

Juhised:

1. Sega kokku oliiviõli ja sidrunimahl, seejärel viska lehtkapsas kastmesse.

2. Pane lehtkapsa lehed salatikaussi ja tõsta peale värsked mustikad, kirsid ja jõhvikad.

3. Laota peale seesamiseemned.

Toitumisalane teave: Süsivesikud kokku 48g Kiudained: 7g Valgud: 6g Rasvad kokku: 33g Kalorid: 477

Kookose- ja sarapuupähklite jahutatud klaasist portsjonid: 1

Küpsetusaeg: 0 minutit

Koostis:

½ tassi kookosmandlipiima

¼ tassi sarapuupähkleid, hakitud

1 ja ½ tassi vett

1 pakk steviat

Juhised:

1. Lisa blenderisse loetletud koostisosad

2. Blenderda kuni saad ühtlase ja kreemja tekstuuri 3. Serveeri jahtunult ja naudi!

Toitumisalane teave:Kalorid: 457 Rasvad: 46 g Süsivesikud: 12 g Valgud: 7 g

Lahedad garbanzo ja spinati ubade portsjonid:

4

Küpsetusaeg: 0 minutit

Koostis:

1 spl oliiviõli

½ sibulat, tükeldatud

10 untsi spinatit, tükeldatud

12 untsi garbanzo ube

½ tl köömneid

Juhised:

1. Võtke pann ja lisage oliiviõli, laske keskmisel-madalal kuumusel soojeneda
2. Lisage sibul, garbanzo ja küpseta 5 minutit 3. Segage spinat, köömned, garbanzo oad ja maitsestage soolaga 4. Kasutage purustamiseks lusikat õrnalt

5. Küpseta põhjalikult kuni kuumenemiseni, naudi!

Toitumisalane teave:Kalorid: 90 Rasvad: 4 g Süsivesikud: 11 g Valgud: 4 g

Taro lehed kookoskastmes portsjonid: 5

Küpsetusaeg: 20 minutit

Koostis:

4 tassi kuivatatud taro lehti

2 purki kookoskreemi, jagatud

¼ tassi sealiha, 90% lahja

1 tl. krevetipasta

1 linnusilma tšilli, hakitud

Juhised:

1. Välja arvatud 1 purk kookoskreemi, asetage kõik koostisosad keskmisele kuumusele seatud potti. Kindel kaas. Küpseta segamatult 3–3,5 tundi.

2. Enne tule välja lülitamist vala ülejäänud purk kookoskreemiga. Sega läbi ja serveeri.

Toitumisalane teave:Kalorid 264 Süsivesikud: 8 g Rasvad: 24 g Valgud: 4 g

Röstitud tofu ja roheliste portsjonid: 4

Küpsetusaeg: 20 minutit

Koostis:

3 tassi beebispinatit või lehtkapsast

1 spl seesamiõli

1 spl ingverit, hakitud

1 küüslauguküüs, hakitud

1-naeline kõva tofu, lõigatud 1-tollisteks kuubikuteks

1 spl gluteenivaba tamari- või sojakastet ¼ tl punase pipra helbeid (valikuline)

1 tl riisiäädikat

2 sibulat, õhukeselt viilutatud

Juhised:

1. Kuumuta ahi temperatuurini 400 °F.

2. Sega spinat, õli, ingver ja küüslauk suurel ääristatud küpsetusplaadil.

3. Küpseta, kuni spinat on närbunud, 3–5 minutit.

4. Lisage tofu, tamari ja punase pipra helbed (kui kasutate) ning segage hästi.

5. Küpseta, kuni tofu hakkab pruunistuma, 10–15 minutit.

6. Vala peale äädikas ja talisibul ning serveeri.

Toitumisalane teave:Kalorid 121 Rasvad kokku: 8 g Süsivesikud kokku: 4 g Suhkur: 1 g Kiudained: 2 g Valk: 10 g Naatrium: 258 mg

www.ingramcontent.com/pod-product-compliance
Lightning Source LLC
Chambersburg PA
CBHW070405120526
44590CB00014B/1266